Stufenblätter für Kita und Kindergarten

Das Arbeitsmaterial für die individuelle Entwicklungsplanung mit dem Portfolio

BANANENBLAU
Der Praxisverlag für Pädagogen

**Stufenblätter für Kita
und Kindergarten**
Das Arbeitsmaterial für die
individuelle Entwicklungsplanung
mit dem Portfolio

Herausgeberin
Antje Bostelmann

Autor
Michael Fink

Mit Unterstützung von
Agneta Zetterström, Helsingborg, Schweden

Titelfoto
Ramona Heim / Fotolia

Fotos
Innenteil: Barbara Dietl
Rückseite: Harald07 / Fotolia

Illustration
Natascha Welz

Gestaltung
Eleonora Weber

Lektorat
Katrin Reister, Erika Berthold, Benjamin Bell

Druck
LASERLINE Digitales Druckzentrum Bucec & Co. Berlin KG
Gedruckt auf chlorfrei gebleichtem Papier.

Verlag
Bananenblau – Der Praxisverlag für Pädagogen
E-Mail: info@bananenblau.de
www.bananenblau.de

ISBN 978-3-942334-02-0
2. bearbeitete Auflage 2015

BANANENBLAU
Der Praxisverlag für Pädagogen

Inhalt

Vorwort

In diesem Buch stellen wir Ihnen die Methode der „Individuellen Entwicklungsplanung" (IEP) vor, die Ihnen bei der pädagogischen Arbeit im Kindergarten helfen soll. Ziel der Methode ist es, die pädagogische Planung stärker darauf auszurichten, Kinder unter Berücksichtigung ihrer Potenziale und entsprechend ihrem Lern- und Entwicklungstempo individuell zu fördern – eine in Bildungsprogrammen erhobene Forderung.
Wir Pädagogik-Entwickler des innovativen Kindergarten- und Schulträgers Klax lernten die Planung nach der IEP in schwedischen Kindergärten kennen und veränderten das System so, dass es zur Arbeit in unseren Einrichtungen passt. Die individuelle Förderung jedes Kindes stand in der Klax-Pädagogik schon immer im Mittelpunkt. Unser Konzept geht vom Kind, vom zu bildenden und zu betreuenden Menschen aus. Wir nehmen das einzelne Individuum in den Blick und sehen es als unsere Aufgabe an, seine Entwicklung und Bildung zu unterstützen.[1]

Die Methode der IEP umfasst eine Reihe von Instrumenten, die bei verschiedenen Planungsanlässen im Kindergarten genutzt werden können. Das wichtigste Instrument sind die *Stufenblätter*, auf denen die Entwicklung jedes Kindes – bezogen auf jeden Bildungsbereich – tabellarisch erfasst wird, um auf dieser Grundlage planen zu können.
Bei der Planung kommen vor allem drei Instrumente zum Einsatz: *Ziel-Karten* dienen dazu, aufgrund des auf den Stufenlisten festgehaltenen Kompetenzstandes klare Bildungsziele zu definieren. Der *Lotusplan* ermöglicht es, eine bildungsbereichübergreifende, projektartige Monatsplanung zu entwerfen, die den Bildungszielen entspricht. Über die sachlichen Eintragungen in den Stufenlisten hinaus belegen *Portfolios*, mit wie viel Freude und Stolz die Kinder jeden großen und kleinen Lernschritt absolvieren.
Schließlich enthält das Buch zahlreiche Formulare, die die Arbeit mit der IEP-Methode strukturieren.

Vor allem geht es uns darum, Einsichten zu vermitteln:
Die Einsicht, dass es unumgänglich ist, Kinder individuell zu begleiten, wenn wir der Tatsache gerecht werden wollen, dass jedes Kind sich vom anderen in vielerlei Hinsicht unterscheidet, obwohl ihre Lernwege sich ähneln mögen. Lange genug saß nicht allein unser deutsches Bildungssystem dem Irrglauben auf, es wäre möglich und sinnvoll, Bildungsangebote für den Durchschnitt zu entwerfen, quasi für Norm-Kinder.
Die zweite Einsicht ist auch eine persönliche Erfahrung: Es ist eine radikale Veränderung, wenn man sich der Methode der IEP bedient, statt auf die vertraute Art und Weise zu arbeiten, und es macht Mühe, vor allem zu Beginn des Veränderungsprozesses. Manchmal entstehen Unsicherheiten oder sogar Ängste – das haben wir durchaus gespürt, als wir das IEP-System bei Klax einführten. Mittlerweile macht es aber Spaß, geht leicht von der Hand und vermittelt das gute Gefühl, der Individualität der Kinder wesentlich besser gerecht zu werden. Kurz: Es lohnt sich, sich auf den Weg zu machen und sich die Methode anzueignen. Dabei wünschen wir Ihnen viel Erfolg und würden uns freuen, wenn Sie uns von Ihren Erfahrungen berichten.

Antje Bostelmann und Michael Fink
Berlin, Februar 2010

1 Siehe auch: Bostelmann, Antje/Fink, Michael: Pädagogische Prozesse planen, umsetzen und evaluieren. Mannheim, 2007

„Das Kind, der Knabe, der Mensch überhaupt soll kein anderes Streben haben, als auf jeder Stufe ganz das zu sein, was diese Stufe fordert; [...] denn nur die genügende Entwickelung des Menschen in und auf jeder vorhergehenden früheren bewirkt, erzeugt eine genügende vollendete Entwickelung jeder folgenden spätern Stufe." *Friedrich Fröbel*

Vom Wissen über das Können zum Tun

Wozu muss man in die Schule gehen? Weil man dort etwas lernt.
Was ist mit „etwas" gemeint? Denken wir darüber nach, gelangen wir zu Grundfragen der Bildung, mit denen sich Wissenschaftler und Praktiker seit einigen Jahren aufs Neue auseinandersetzen. Was ist das Ziel unserer Anstrengungen, was wollen wir den Kindern und Jugendlichen im Kindergarten, in der Schule und in anderen Bildungseinrichtungen mitgeben oder beibringen?

Ein oder zwei Generationen vor uns hätte man klar und bestimmt geantwortet: Bildungseinrichtungen vermitteln Wissen. Obwohl längst veraltet, steckt diese Vorstellung noch in unseren Köpfen. Egal, ob in Filmen, die den Schulalltag aufgreifen, oder im kindlichen Spiel: In der Schule spricht der Lehrer, schreibt eine Formel an die Tafel und fragt die Schüler, ob sie die Formel verstanden haben. Wir wissen zwar, dass man auf diese Weise allenfalls das Kurzzeitgedächtnis der Kinder testen kann, und dennoch: In der Schule und im Kindergarten gibt es viele Situationen, in denen die Lehrenden den Kindern etwas erklären, weil es so schön schnell geht, mit ein paar Worten „Wissen"[1] oder gar „Kompetenzen"[2] zu vermitteln.
Wenn Kompetenz bedeutet, „zu etwas fähig zu sein", dann muss Lernen immer darauf zielen, etwas tun zu können, das einem vorher nicht möglich war. Vermittelt Ihnen jemand Wissen, kann das dazu beitragen, dass Sie zu etwas befähigt werden. Kann, muss aber nicht, denn Sie brauchen einen Zusammenhang, in dem Sie das Wissen anwenden können, sonst nützt es Ihnen nichts. Kurz: Wissen kann man vermitteln, ohne dass man weiß, wofür es gebraucht wird. Kompetenz hingegen erwirbt man erst, wenn man etwas sicher beherrscht.

Inzwischen hat es sich selbst auf der obersten europäischen Ebene der Bildungspolitik herumgesprochen, dass es um die Vermittlung von Kompetenzen, nicht um das Ansammeln von Wissen geht. Im Zuge dieses Umdenkens verändern sich viele Prämissen unseres Bildungssystems. Deutlich sichtbar wird das bei der Frage nach dem Bildungsabschluss: Das Wirrwarr der vielen europäischen Berufsabschlüsse, die aufgrund unterschiedlichster Prüfungsformen erlangt wurden, wird derzeit sortiert. Auch wenn das seine Zeit braucht – es ist gut, dass berufliche Möglichkeiten eines Menschen in Europa nicht mehr entscheidend davon abhängen, welches Wissen Professoren oder Lehrer* an der besuchten Bildungseinrichtung vermitteln, weil sie es gerade für besonders wichtig halten.
Einen entscheidenden Schritt stellt die Entwicklung des „Europäischen Qualifikationsrahmens" dar. In diesem Raster wird mittels Kompetenzstufen beschrieben, welche Fähigkeiten ein Mensch in Europa nachweisen muss, um einen Bildungsabschluss zu erlangen. Gefragt ist nicht, was er wissen muss, sondern was er kann. Im Kompetenzraster werden aufeinander aufbauende Stufen benannt: In den unteren Stufen besitzt man die jeweiligen Fähigkeiten, in höheren Stufen beherrscht man sie so gut, dass man sie vermitteln und darüber forschen kann.
Menschen an bestimmte Fähigkeiten heranzuführen, dies ist natürlich nicht der Berufsausbildung vorbehalten. Schon Kindergarten und Krippe sind verpflichtet, sich als Orte des Kompetenzerwerbs, nicht nur des Wissenserwerbs, zu begreifen.

Viele Teams deutscher Kindergärten und Krippen haben sich bereits auf den Weg gemacht, über das Vermitteln von Kompetenzen nachzudenken. Ein erster Schritt war meist, Entwicklung anders und genauer zu dokumentieren als bisher: Portfolios, die den Erwerb einer Kompetenz bei jedem einzelnen Kind sichtbar machen, ersetzen allmählich die spärlichen

1 Das Wort Wissen geht auf das althochdeutsche wizzan zurück: ich habe gesehen. Von der indogermanischen Wurzel weid leiten sich das lateinische videre für sehen und das Sanskrit-Wort veda für Wissen ab.

2 Das Wort Kompetenz geht auf das lateinische competere zurück: zusammentreffen, entsprechen, ausreichen, zu erreichen suchen, zu etwas fähig sein.

Formen der Erfassung von Entwicklungsständen – des einzelnen Kindes wie der Gruppe – die man durch den Abgleich mit Entwicklungsskalen ermittelte. Da Lernfortschritte einzelner Kinder im Mittelpunkt der Portfolios stehen – also nicht allein die Gesamtheit der Lernprozesse der Gruppe – verschob sich der Fokus auf individuelle Lernprozesse.

Um Bildungsprozesse nicht nur individuell beobachten, sondern auch individuell planen zu können, braucht es weitere Arbeitsinstrumente. Agneta Zetterström, eine schwedische Pädagogin und Beraterin von Bildungsunternehmen, entwickelte deshalb eine Methode, die dreierlei verbinden sollte: die Vorteile von Entwicklungsskalen, die den schnellen Überblick über die Entwicklungsstände in der Gruppe gestatten, mit der Möglichkeit, aufgrund klar definierter Bildungsziele zu planen und dadurch die individuelle Förderung jedes Kindes zu garantieren. Diese Methode, in Schweden „Individuella utvecklingsplaner“ (IUP) genannt, entwickelten wir weiter und passten sie den Arbeitsanforderungen in den Klax Kindergärten und Krippen in Deutschland an. Nachdem wir sie über einen Zeitraum von mehreren Jahren erfolgreich erprobten, stellen wir sie in diesem Buch vor.

* Um den Lesefluss nicht zu behindern, haben wir im Fließtext mal die weibliche, mal die männliche Form gewählt. Es dürfen sich aber immer beide Geschlechter angesprochen fühlen.

Große Ziele in kleinen Schritten erreichen

Orientierungsplan, Bildungsprogramm oder Empfehlung: In allen deutschen Bundesländern gibt es Curricula, die beschreiben, welche Kompetenzen ein Kind im Kindergarten erwerben soll. Im Grunde beschreiben sie ein Ziel, das wir vom ersten Tag eines Kindes im Kindergarten im Auge behalten müssen: Alles, was im Bildungsprogramm oder Orientierungsplan an Kompetenzen aufgelistet ist, soll sich das Kind in den nächsten Jahren aneignen.

Doch ein Bildungsprogramm ist kein Fahrplan, dem man nur folgen muss, um das Ziel – umfassend und ganzheitlich gebildete, schulfähige Kinder – zu erreichen. Wer garantiert, dass ein Kind all das, was im Bildungsprogramm steht, auch wirklich lernt? Wie werden aus Zielen reale Lern-Erlebnisse? Kann man garantieren, dass solche Erlebnisse nachweisbar eintreten? Pädagogen im Kindergarten sind es seit Jahrzehnten gewohnt, das Lernen der Kinder durch gut gemeinte, aber ungenaue Bildungsangebote beeinflussen zu wollen. Bei deren Planung mögen sie denken: Wenn wir unsere Sache in den nächsten drei, vier Jahren gut machen und ein anspruchsvolles Programm entwickeln, werden die Kinder – ohnehin von Geburt an begabt, selbst zu lernen und Wissen anzusammeln – das Ziel schon erreichen. Und wenn unterwegs etwas auf der Strecke bleibt, ist es bestimmt nichts Wichtiges...

Grundsätzlich ist dieser Gedanke zwar nicht verkehrt – aber was tun, wenn wichtige Lerninhalte doch „wegrutschen“? Wenn einzelne Kinder einen großen Bogen um wesentliche Inhalte eines Bildungsbereichs machen – weshalb auch immer? Wenn sie weit weniger lernen, als sinnvoll und möglich wäre? Und was, wenn wir Pädagogen einen Bildungsbereich vernachlässigen, weil er uns weniger liegt als ein anderer?
Natürlich können Kinder manches aufholen, vielleicht in der Schulzeit... Aber es hieße, den Kindergarten als Bildungseinrichtung nicht ernst zu nehmen, wenn wir darauf vertrauten. Wir meinen vielmehr: Der Gestaltung von Bildungsprozessen tut planvolles Vorgehen gut.

Was ist ein Plan eigentlich?

Charakteristisch für viele Formen von Plänen ist, dass etwas Großes in praktisch handhabbare Einheiten verkleinert wird. Die unübersichtliche Stadtlandschaft wird auf dem Stadtplan plötzlich überschaubar, und wir können uns orientieren. Ein Fahrplan bringt zeitliche Übersicht in den Ablauf einer Reise – Fahrer, Fahrgäste und das Stationspersonal können sich daran orientieren: anhalten, Signal schalten, einsteigen, abfahren.
Ein Arbeitsplan zerlegt eine bevorstehende Handlung in überschaubare Schritte, die wir nacheinander ausführen können, um ans Ziel zu gelangen. Wie der Fahrplan dient er

dazu, sich mit vielen Beteiligten auf ein abgestimmtes Vorgehen zu einigen. Genau deshalb braucht auch die Begleitung von Bildungs- und Entwicklungsprozessen einen Plan: Pädagoginnen, Eltern und Kinder sind daran beteiligt. Unsere Aufgabe ist es, darauf zu achten, dass die Kinder – über viele Stationen hinweg – schließlich am Ziel ankommen.

Die Instrumente der Entwicklungsbegleitung, die wir in diesem Buch vorstellen, dienen dazu, die Entwicklung von Kindergartenkindern planvoll zu begleiten: „Alles läuft bei uns nach Plan."
Dieser Satz klingt verdächtig. Ist damit etwa gemeint, dass die individuellen Unterschiede der Kinder, ihre Entwicklungssprünge und die Vielfalt ihrer Themen untergehen, weil alles Handeln nach einem festgelegten Plan ausgerichtet wird?
Im Gegenteil: Geplantes Vorgehen, wie es die IEP-Methode ermöglicht, schafft ein Raster, mit dessen Hilfe wir individuelle Lernwege wahrnehmen und unterstützen können. Auch wenn der Gedanke ungewöhnlich erscheint: Um individuelles Lernen zu begleiten, braucht man mehr Struktur als für kollektive Lernformen. Das ist auch logisch: Wer nach dem Prinzip „Alle lernen das Gleiche" arbeitet, braucht viel weniger Übersicht als derjenige, der mit seinen Impulsen viele verschiedene Lernwege in Gang setzen will.

Sie kennen die Karikatur vielleicht: Vier Tiere – ein Elefant, ein Affe, ein Vögelchen und ein Käfer – stehen vor einem Baum. Ein Pädagoge steht ihnen gegenüber und verkündet, was zu tun ist: „Die Aufgabe ist für alle gleich: Klettert auf diesen Baum!"
Das Bild ist eine bittere Parabel auf unser Bildungssystem, zu dessen Stärken Chancengleichheit nicht gehört. Vielleicht sieht der Pädagoge zu, wie die einen scheitern und die anderen Erfolg haben, obwohl er jedes der vier Wesen nach Kräften fördern müsste, damit sie die Aufgabe bewältigen. Was könnte er tun?
Dem Affen zeigt er einen Klettertrick, den der noch nicht kennt, ermuntert ihn – und schon ist der Affe oben: Ziel erreicht!
Sehr viel schwieriger ist es beim Elefanten, denn der Pädagoge weiß, dass das schwere Tier niemals aus eigener Kraft auf den Baum gelangen kann. Also löst er das Problem technisch und bestellt eine Hebebühne: Nun weiß der Elefant, wie es sich anfühlt, wenn man oben ist.
Den Käfer könnte der Pädagoge krabbeln lassen, aber angesichts der kurzen Beine dauert das ewig. Also lässt er ihn ein Stück krabbeln, den Rest des Weges trägt er ihn. So, auch oben!
Das Vögelchen kann etwas, was der Pädagoge nicht kann, nämlich fliegen. Nun hat er zwei Möglichkeiten: Entweder lässt er den Vogel hochfliegen und ermahnt ihn, unterwegs auf die anderen zu warten, die es nicht so gut haben. Oder er fordert ihn auf, nicht zu fliegen, sondern zu klettern, wie es der Aufgabenstellung entspricht.

Sind alle Tiere auf dem Baum, kann der Pädagoge darüber nachdenken, ob er sie individuell gefördert hat.
Wem wurde die Aufgabe gerecht?
Gewiss dem Affen, der quasi dem Durchschnittskind entspricht, an dem der Pädagoge die Aufgabe ausgerichtet hatte. Alle anderen Tiere kamen schlecht weg: Der Vogel fühlte sich unterfordert, musste gelangweilt warten oder klettern lernen, was er sonst gar nicht braucht. Der Elefant war frustriert, weil er merkte, dass ihm nur vorgegaukelt wurde, er habe es selbst geschafft. Auch der Käfer war sauer: Was waren schon seine gekletterten Zentimeter gegen das lange Stück, das er getragen wurde?

Zurück in die pädagogische Realität: Eine ähnliche Situation finden wir bei zahlreichen Bildungsangeboten in unseren Kindereinrichtungen. Die Angebote sind auf den Durchschnitt ausgerichtet, dürften durchschnittliche Kinder interessieren und sie weder über- noch unterfordern. Allen anderen, den schnelleren oder langsameren, wird schon irgendwie geholfen werden – wie dem Elefant, dem Käfer und dem Vogel.

„Jeden dort abholen, wo er steht" – das sagt sich leicht. Tatsächlich verlangt es einen viel intensiveren Blick auf jedes einzelne Kind, als wir es gewohnt sind, vor allem aber eine ganz andere Art des Planens. Statt des einen Angebots, das irgendwie auf die meisten Kinder der Gruppe zugeschnitten sein soll, müssen wir verschiedene Angebote – entsprechend verschiedener Ausgangslagen – planen. Das heißt: Wir dürfen nicht erst planen, um den Plan nachträglich entsprechend der Unterschiedlichkeit der Kinder zu verändern. Vielmehr müssen wir erst die Unterschiedlichkeit der Kinder erfassen und auf dieser Grundlage dann einen Plan entwickeln.

Wie könnte unser Tier-Pädagoge diesem Anspruch gerecht werden?

Vielleicht, indem er die Aufgabe zunächst allgemeiner fasst: „Mit eigener Körperkraft an einen Ort gelangen, an dem man noch nie war."
Nun kann er für jedes Tier eine zu dessen Voraussetzungen passende Aufgabe schneidern: Der Affe soll den Baum erklettern. Der Elefant erhält die Aufgabe, sich mit dem Rüssel ein Stück an einem Ast hochzuziehen. Der Käfer soll eine Blume erklettern. Der Vogel soll bis zu einem weit entfernten Baum fliegen, ohne zwischendurch zu landen.
Vier unterschiedliche Ziele für vier unterschiedliche Tiere – und doch haben alle die gleiche Aufgabe: an einen bisher unerreichten Ort gelangen. Für alle Tiere ist das ähnlich schwierig. Deshalb können alle stolz sein, wenn sie es geschafft haben.
Wer alle Kinder gleichermaßen fördern möchte, wer für Gerechtigkeit und Chancengleichheit ist, hat keine Alternative, als sich intensiv damit zu beschäftigen, wo jedes einzelne Kind steht, um darauf aufbauend Bildungsangebote zu entwickeln.

Planen, tun, auswerten, handeln: Der Kreislauf des Lernens

Modelle sind ein Weg, um alltägliche Abläufe durch Abstraktion verstehbar zu machen. Um Bildungsprozesse verstehen zu können, entwickelten Wissenschaftler das Modell des PDSA-Kreises. Er dient dazu, die oft unüberschaubaren Prozesse des Planens der Pädagogen und des Lernens der Kinder in Schrittfolgen zu gliedern, um sie betrachten zu können. Im Folgenden werden wir zu den einzelnen Phasen des Prozesses Werkzeuge vorstellen, die Ihnen helfen, Bildungsprozesse planvoll zu gestalten.

PDSA steht für die Phasen des Prozesses: plan, do, study, act.

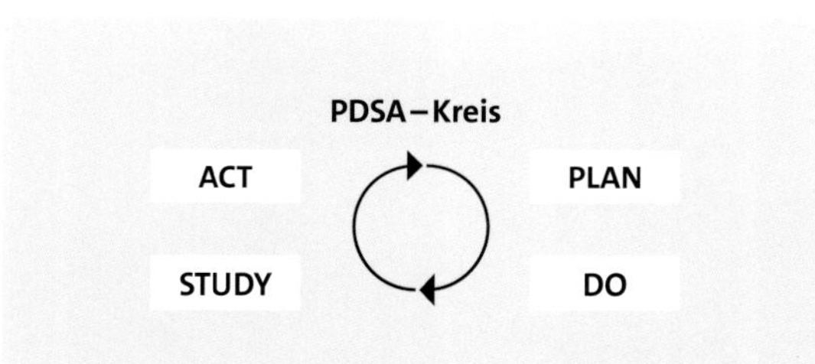

Nach dem PDSA-Kreis gestaltete Lernprozesse durchlaufen vier Phasen:

- In der plan-Phase werden sie geplant. Aufgrund von klar definierten Lernzielen werden Bildungsangebote entwickelt.
- In der do-Phase findet das Bildungsangebot statt. Die Lernenden eignen sich neue Kenntnisse an; die Pädagogen begleiten sie dabei.
- In der study-Phase wird systematisch überprüft, welche Ergebnisse die Bildungsangebote brachten.
- In der act-Phase werden aufgrund der Ergebnisse der vorausgegangenen Überprüfung neue Ziele festgelegt.

Wodurch unterscheidet sich das Lernen nach dem PDSA-Kreis von bisher üblichen Formen des Lernens? Meist kommt die study-Phase in Kindergarten und Schule zu kurz, denn wir sind es gewohnt, neue Bildungsangebote zu entwickeln, ohne zuvor auszuwerten, was die vorherigen Lernangebote bei den Lernenden bewirkten. Zwar nutzt die Schule fragwürdige Methoden wie Tests und Klassenarbeiten zur Überprüfung des Gelernten, im klassischen Kindergarten hingegen fällt diese Phase aus: Es ist nicht üblich, den Effekt von Bildungsangeboten auszuwerten. Es ist nicht Routine, neue Ziele immer erst aufgrund dieser Auswertung festzulegen.

Die IEP-Methode bietet für alle vier Phasen des Lern-Kreislaufs Instrumente an. Bevor wir sie in den folgenden Kapiteln detailliert beschreiben, sollen sie im Zusammenhang mit dem PDSA-Kreis dargestellt werden:

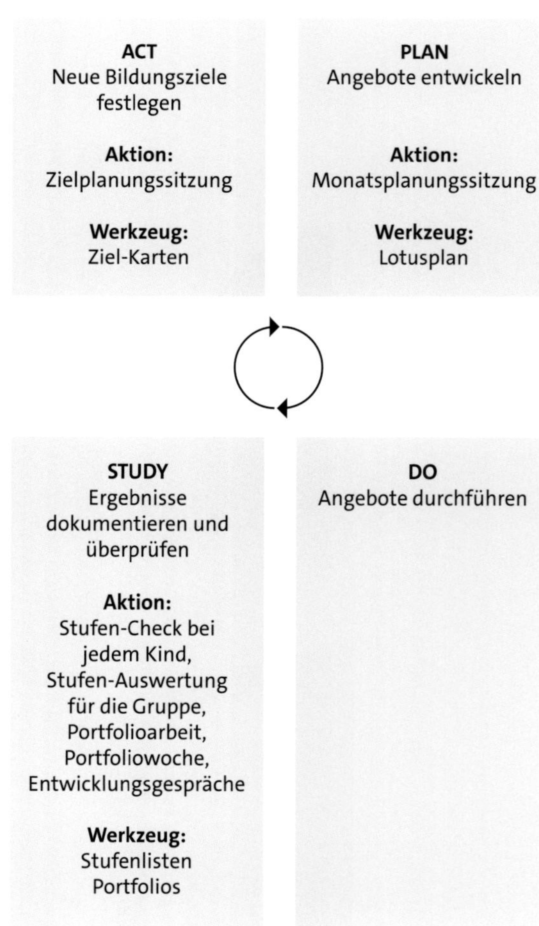

Das Instrument: Stufenblätter

Die Stufenblätter sind der Kern der IEP-Methode. Mit Hilfe dieser Listen von Kompetenzzielen ermitteln Sie, wo jedes einzelne Kind in Bezug auf den Erwerb all der Kompetenzen steht, die Sie vermitteln wollen. Tun Sie das kontinuierlich, verfolgen Sie also regelmäßig, auf welchem Stand jedes Kind ist, erhalten Sie die entscheidende Grundlage für die Planung von Bildungsangeboten: Sie kennen den Bedarf.

So sind die Stufenblätter aufgebaut:
Zu allen Bildungszielen des Kindergartens haben wir Stufen definiert, die bis zum vollständigen Erwerb einer Kompetenz normalerweise passiert werden. Ein Beispiel: Bevor ein Kind laufen lernt, lernt es, sich im Liegen umzudrehen. Eine weitere Stufe ist erreicht, wenn es sich aufstützt. Danach bewegt es sich robbend fort. Als eine der letzten Stufen könnten wir die Fähigkeit bezeichnen, frei zu stehen.

Wozu sollen Sie erfassen, auf welcher Stufe ein Kind zum Beispiel im Prozess des Laufen lernens gerade steht? Aufgrund dieser Einstufung können Sie jedem Kind die optimale Hilfestellung geben: Ein Kind, das vor der Stufe des Krabbelns steht, braucht nämlich andere Anreize und eine andere Materialumgebung als ein Kind, das eben lernt, aus dem Stand den ersten Schritt zu tun.

Auf den Stufenblättern finden Sie solche Abfolgen, an deren Ende immer der Erwerb einer Kompetenz steht, nach Bildungsbereichen sortiert. Jedes Stufenblatt eines Bildungsbereichs beschreibt mehrere parallel verlaufende Entwicklungslinien. Auf diese Weise vermeiden wir, dass allzu viele Stufenlisten entstehen und die praktische Arbeit erschweren.
Kombiniert man die Entwicklungslinien pro Bildungsbereich, entsteht das Abbild einer Entwicklungsstufe: Ein bestimmtes Stufenblatt – zum Beispiel Blatt 4/Atelier – beschreibt also Entwicklungsstände eines Kindes in Bezug auf das Erreichen mehrerer unterschiedlicher Kompetenzen.
Erfahrungsgemäß treten die Entwicklungsstände ungefähr gleichzeitig auf: Wer gerade gelernt hat, einen Materialdruck herzustellen, kann im gleichen Entwicklungsalter die Kompetenz „Ich kenne einen Künstler und ein Kunstwerk“ nachweisen. Das heißt aber nicht, dass es bei einzelnen Kindern nicht auch ganz anders ablaufen kann: In Bezug auf gestalterische Kompetenzen ist Thomas schon auf Stufe 4, während seine Fähigkeit, sich mit Kunstwerken auseinanderzusetzen, noch Stufe 2 entspricht.

Botschaft der Stufenblätter
Die meisten Kompetenzen, die Kinder erwerben, erarbeiten sie sich nicht in einem Schritt, sondern in vielen Einzelschritten. Es ist gut, wenn die Begleiter des Kindes wissen, auf welcher Stufe es steht, weil sie ihm damit helfen können, den nächsten Teilschritt zu bewältigen.

Stufe 10
...

Stufe 9
...

Stufe 8
...

Stufe 7
...

Stufe 6
Ich kann in der richtigen Reihenfolge über eine Geschichte oder Erlebtes berichten.
Ich kann Reime erfinden.
Ich kenne ein Gedicht.
Ich kann geheime Schrift erfinden.
Ich erkenne meinen Namen an der Buchstabenreihenfolge.
Ich kann einzelne Buchstaben zeichnen und wiedererkennen.

Stufe 5
Ich kann über mich berichten.
Ich kann vor anderen Kindern sprechen.
Ich verstehe kurze und einfache Geschichten.
Ich verstehe Piktogramme.

Stufe 4
Ich kann mit Worten Gefühle ausdrücken.
Ich sage beim Spielen, was ich gerade tue.
Ich mache Sprachquatsch.
Ich kann zuhören, wenn jemand vorliest.
Ich kann einer mehrschrittigen Aufforderung folgen.

Stufe 3
Du beginnst unbewusst, den Regeln der Grammatik zu folgen.
Du teilst dich anderen Menschen mit, ohne ein Gespräch zu erwarten.
Du sprichst in Dreiwortsätzen.
Du kannst einfache Aufforderungen verstehen und ausführen.
Du beginnst, dich für Reime und kurze Gedichte zu interessieren.

Stufe 2
Du machst dich mit einfachen Wörtern verständlich.
Du sprichst Zweiwortsätze.
Du kannst bekannte Gegenstände in deiner Lautsprache benennen.

Stufe 1
Du drückst dich mit deinem Körper aus.
Du äußerst dich mit Lauten und benutzt verschiedene Vokale.
Du ahmst Worte nach.
Du verstehst den Zusammenhang zwischen gezeigten Gegenständen und gesprochenen Worten.

Der Stufen-Check

Die Stufenblätter heften Sie im Portfolio-Ordner jedes Kindes ein. So ist es möglich, dessen Entwicklung anhand gezielter Beobachtungen und gesammelter Informationen auf den Stufenblättern zu verfolgen. Das setzt voraus, ein Ritual dafür entwickelt zu haben, wann man die Eintragungen vornimmt. Je mehr es zur alltäglichen Praxis wird, die Entwicklungsstände der Kinder auf den Blättern zu erfassen, desto differenzierter können Sie im pädagogischen Alltag auf die individuellen Bedürfnisse der Kinder eingehen: Schließlich sind Sie sich sicherer als früher, was die Kinder gerade beschäftigt, was sie lernen möchten und welche Hilfe sie gebrauchen könnten.

Handlungs-schritt:	Einschätzung, auf welcher Stufe das Kind steht
Ziel:	Wir ermitteln, auf welchem Stand der Kompetenzerreichung jedes Kind in allen Bildungsbereichen steht.
Termin:	monatlich / vierteljährlich In jedem Fall zum Ende eines Halbjahres
Aktionsform:	Einzelarbeit der Bezugspädagogen des Kindes
Nötige Unterlagen :	Portfolio-Ordner Stufenblatt im Portfolio des Kindes

Wer trägt ein, und wann ist es am günstigsten?

Die Aufgabe, auf den Stufenlisten einzutragen, welche Kompetenzen die Kinder hinzugewonnen haben, sollte in der Regel im Aufgabenbereich der Bezugserzieherin liegen, die das Kind am besten kennt und einschätzen kann. Arbeiten Sie in einem Fachspezialisten-Team, in dem jede Kollegin für einen bestimmten Bildungsbereich zuständig ist, kann es sinnvoll sein, dass jede Fachfrau die Entwicklung aller Kinder einschätzt – bezogen auf ihren Bildungsbereich.

Wann werden die Listen aktualisiert?

Die Listen zu aktualisieren braucht Zeit. Immer dann einzutragen, wenn ein Kind eine Kompetenz gerade erreicht hat – das ist im Alltag schwer möglich. Andererseits besteht die Gefahr, dass Beobachtungen vergessen werden. Deshalb ist es günstig, sich einen monatlichen Termin freizuhalten, an dem Sie Ihre Listen überprüfen und aktualisieren. Spätestens vor einem Elterngespräch sollten Sie das Portfolio des betreffenden Kindes durchsehen und die Stufenliste auf den neuesten Stand bringen.

Was wird in die Spalte „Einschätzung" eingetragen?

Im Feld hinter der jeweiligen Kompetenz können Sie vermerken, ob ein Kind sich bereits mit dem Erwerb der Kompetenz beschäftigt oder schon über sie verfügt. Dazu empfiehlt es sich, eines der folgenden Kürzel zu verwenden: W bedeutet „Ist auf dem Weg", K steht für „Kann es". Keine Eintragung heißt: Das Kind beschäftigt sich noch nicht mit dem Erwerb der Kompetenz. Zusätzlich zum Kürzel tragen Sie das Datum (Monat/Jahr) ein, an dem Sie die Einschätzung vorgenommen haben.

Wann wird ein K eingetragen, wann ist ein W angebracht?

Das ist oft nicht leicht zu entscheiden. Unsere Grundregel lautet: K bedeutet, dass die Stufe sicher erreicht wurde. Das Kind beherrscht die Kompetenz, die vermerkt ist, nicht nur ab und zu, sondern sicher.

Ein Beispiel: Sara fährt das erste Mal ohne Stützräder. Sollen Sie jetzt ein K eintragen? Nein, das wäre zu früh. Zwar ist Sara stolz, dass ein Mal geklappt hat, was sie schon länger übt. Aber sicher beherrscht sie die Kompetenz noch nicht. Bei jedem Versuch ist deshalb offen, ob es auch klappt.
Das W ist auch aus folgendem Grund angebracht: Es belegt, dass Sara sich auf den Weg gemacht hat, aber noch Begleitung und Zeit zum Üben braucht.
Ein K können Sie eintragen, wenn Sara so gut Fahrrad fährt, dass sie dabei über andere Dinge nachdenken kann. K heißt: Der Kompetenzerwerb ist so weit abgeschlossen, dass Sie das Kind in dieser Sache nicht mehr fördern müssen. Solange Sara Begleitung gut tut, ist sie auf dem Weg.

44

Stufenblatt Atelier / Stufe 3

Name: Jahr:

Nr.	Kompetenz	Einschätzung	Beweis
1	Ich kann verschiedene Farben benennen.		
2	Ich kann ein Bild zu einer Geschichte gestalten.		
3	Ich kann ein Objekt gestalten.		
4	Ich kann mein Bild präsentieren.		
5	Ich kann zu einem Kunstwerk etwas erzählen.		
6	Ich kann meinen Arbeitsplatz aufräumen.		

Dieses Stufenblatt wurde am erreicht.

Unterschrift Erzieherin: Unterschrift Kind:

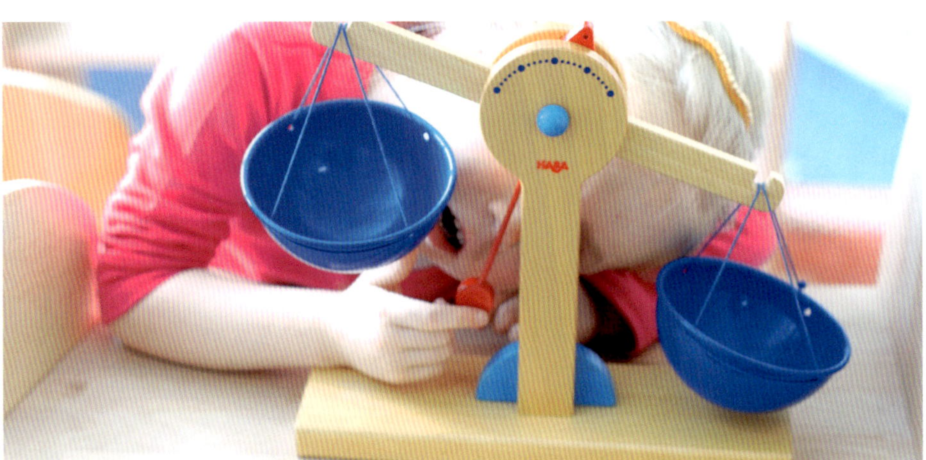

Wozu dient die Spalte „Beweis"?

Haben Sie ein K eingetragen, können Sie in der Beweis-Spalte notieren, woran Sie festgestellt haben, dass das Kind eine Kompetenz erworben hat. Es geht nicht darum, Ihre Einschätzung wortwörtlich zu belegen. Vielmehr soll die kurze Notiz Sie daran erinnern, in welcher besonderen Situation die Kompetenzsicherheit beobachtet wurde – auch, um dem Kind oder den Eltern später davon berichten zu können. Außerdem kann die Spalte genutzt werden, um darauf zu verweisen, ob die erreichte Kompetenz auch im Portfolio festgehalten wurde: Tragen Sie ein P ein, dann wurde das Erreichen der Stufe mit einem Lernbeweis-Blatt (Geschafft! Gelernt!) dokumentiert. Das ermöglicht Übersicht.

Was tun, wenn man unsicher ist, ob ein Kind etwas wirklich schon kann?

Sehen Sie die Stufenlisten regelmäßig durch, kann sich herausstellen, dass Sie ein Kind in bestimmter Hinsicht genauer beobachten möchten, um sich zu vergewissern, ob zutrifft, was auf dem Stufenblatt abgefragt wird. Natürlich ist es sinnvoll, dies in der Liste zu vermerken – vielleicht mit einem Bleistift-B für Beobachten, das sich ausradieren lässt, wenn Sie die Beobachtung durchgeführt haben. Eventuell hilft Ihnen auch eine Liste mit Beobachtungsaufgaben, die Sie systematisch abarbeiten können *(Siehe Formular „Näher beobachten!" Seite 88).*

Wozu dient das Kriterienblatt?

Mit Hilfe des Kriterienblatts lässt sich besser einschätzen, was mit der jeweiligen Kompetenz gemeint ist. Es kann sinnvoll sein, zusätzlich eigene Kriterien festzuhalten und in eigene Blätter aufzunehmen.

Was bedeutet die Einschätzung W oder K für das aktuelle Handeln?

Keine Eintragung heißt: Das Kind scheint sich nicht mit dem Erwerb der Kompetenz zu beschäftigen. Vielleicht braucht es einen Impuls.
W heißt: Jetzt ist sicherlich der richtige Moment, um das Kind zu fördern.
K bedeutet: Auf zu neuen Herausforderungen, denn in Bezug auf die Kompetenz gibt es nichts mehr zu tun. Außer: ein dickes Lob für den Lernschritt.

Sollten alle Listen abgeheftet werden? Also auch Listen zu Kompetenzen, die das Kind erst Jahre später erwirbt?

Besser nicht, denn es ist am Anfang eines Entwicklungsprozesses nicht motivierend, auf viele leere Seiten zu blicken. Das Stufen-Modell sieht ohnehin vor, dass eine Stufe in der Regel vollständig absolviert wird, bevor die nächste in Angriff genommen wird. Sie sollten also immer nur die aktuelle Liste sowie die folgende abheften – und natürlich die bereits vollendeten.

Wann kann man davon sprechen, dass eine Stufe abgeschlossen ist?

Es ist wichtig, das zu klären, denn für die Auswertung des Standes der Gesamtgruppe brauchen Sie für jedes Kind die Zahl der Stufe, auf der es in den einzelnen Bildungsbereichen steht. Folgende Regelung ist sinnvoll: Wurden mehr als 80 Prozent aller Ziele auf der Liste erreicht, betrachten Sie eine Stufe als bewältigt.
Ein Beispiel: Lea hat alle Kompetenzen auf Liste 3/Atelier zu 90 Prozent erworben und steht damit auf der Stufe 4. Aaron hat etwas mehr als die Hälfte der Ziele von Stufe 3 erreicht, wird also auf der Liste als auf Stufe 3 stehend erfasst.

Es ist sinnvoll, die Stufenliste bei Erreichen formell abzuschließen: Sie sollten die Liste unterschreiben, wenn (fast) alle Ziele erreicht sind und können ältere Kinder einladen, ihre Namen ebenfalls darunterzusetzen, nachdem Sie ihnen vorgelesen haben, was sie hinzugelernt haben.

Was passiert, wenn eine Stufe zwar abgeschlossen ist, aber nicht alle Kompetenzen erworben wurden?
Markieren Sie dies auf dem Blatt deutlich, um die Förderung der entsprechenden Kompetenz im Auge zu behalten. Hilfreich kann auch ein bunter Klebezettel als Signal sein.

Die Stufenerreichungs-Übersichten

Ein neues Kita-Halbjahr beginnt. Welche Angebote könnten alle Kinder gebrauchen? Welche Fördermaßnahmen für einzelne Kinder dürfen Sie bei der Gesamtplanung nicht vergessen?
Um die Grobplanung für das Halbjahr entwickeln zu können, die auf dem Bedarf der Kinder aufbaut, müssen Sie zunächst ermitteln, wo sie stehen. Sie müssen wissen, welche Kompetenzen die Kinder erworben haben, um daraus ableiten zu können, mit welchen Themen sie sich wohl als nächstes beschäftigen werden. Dies gibt auch Aufschluss über den Erfolg Ihrer Arbeit: Was hatten Sie im vergangenen Halbjahr mit den Kindern gemacht, welche Themen wurden behandelt, welche Spiele gespielt – und was ist dabei herausgekommen?

Was ist zu tun? Sie müssen die Einzelauswertungen in Form der Stufenblätter der Kinder in einer Gesamtauswertung zusammenführen. Für jedes Kind müssen Sie ermitteln, auf welcher Stufe es in welchem Bildungsbereich steht, um diese Zahlenwerte statistisch erfassen zu können.
Folgende Fragen lassen sich anhand der Ergebnisse beantworten:

- Auf welcher Kompetenzstufe steht die Gruppe in jedem Bildungsbereich?
- Wie stark weichen einzelne Kinder der Gruppe vom Durchschnitt ab?

Handlungsschritt:	Auswertung, auf welcher Stufe alle Kinder der Gruppe stehen
Ziel:	Wir ermitteln, auf welchem Stand der Kompetenzerreichung alle Kinder in der Gruppe in allen Bildungsbereichen stehen.
Termin:	Vor Beginn des Halbjahres
Aktionsform:	Einzelarbeit der Bezugspädagogen jedes Kindes
Nötige Unterlagen:	Leere Auswertungstabelle der Stufenauswertung und Lernstufenblätter aller Kinder

So gehen Sie vor:
Überprüfen Sie vor der Auswertung, ob Sie jedes Kind der Gruppe hinsichtlich der Erreichung der Kompetenzstufen eingeschätzt haben.
Nach der Auswertung der Stufenblätter tragen Sie in einer Tabelle pro Kompetenzbereich ein, wie viele Kinder auf jeder Stufe stehen.

Beispiel A: Ergebnisse der Stufenauswertung bei „Gruppe C“

Stufenauswertung
Gruppe: C
Datum: 3. Dezember 2011

Stufe	Bildungsbereich: Atelier	Bildungsbereich: Universum	Bildungsbereich: Bewegung	Bildungsbereich: Musik	Bildungsbereich: Mathematik	Bildungsbereich: Gesellschaft	Sprachentwicklung	Mittelwert Spalte 1–8
4	4	12	0	5	11	10	9	7,3
3	9	3	1	8	4	2	4	4,4
2	1		12	2	1	3	3	3,7
1	3	2	4	1	1	0	0	1,6
Durchschnittswert:	2,8	3,5	1,8	3,1	3,5	3,5	3,4	3,0

Der Zahlenwert weist die Anzahl der Kinder aus, die die Stufe erreicht haben.
Der Durchschnittswert wird nach folgender Formel errechnet:

1 x (Anzahl Kinder Stufe 1) + 2 x (Anzahl Kinder Stufe 2) + ... + 10 x (Anzahl Kinder Stufe 10) : Anzahl aller Kinder.

Beispiel für die Spalte 1 (Bildungsbereich Atelier): Siebzehn Kinder wurden ausgewertet. Drei Kinder sind auf Stufe 1, eins auf Stufe 2, neun auf Stufe 3, vier auf Stufe 4.

(3 x 1 + 1 x 2 + 9 x 3 + 4 x 4) : 17
= (3 + 2 + 27 + 16) : 17
= 48 : 17
= 2,8

Ergebnis: Die durchschnittlich erreichte Stufe aller Kinder der Gruppe liegt im Atelier bei 2,8, aufgerundet also bei Stufe 3.

Diese Stufe haben wir in den Tabellen jeweils grau markiert.

Der Mittelwert wird folgendermaßen errechnet: Zeilenwerte Spalte 1-7 : Anzahl Spalten.

Beispiel für die Zeile „Stufe 4“:
Aus sieben Bildungsbereichen liegen Ergebnisse vor: Vier Kinder sind im Atelier auf Stufe 4, zwölf im Universum etc.

(4 + 12 + 0 + 5 + 11 + 10 + 9) : 7
= 51 : 7
= 7,3

Als Ergebnis erhalten Sie eine Übersicht, die zeigt, welche Kompetenzstufe in der Gruppe durchschnittlich erreicht wurde und wie viele Kinder weit oder leicht vom Durchschnitt abweichen.

Wie können die Ergebnisse verwendet werden?

Sie wissen, auf welcher Kompetenzstufe die Kinder der Gruppe im Durchschnitt stehen. Logische Folgerung: Sie wollen den Kindern helfen, die nächsthöhere Stufe zu erreichen. Was dort benannt ist, können Sie als Grundlage der Zielformulierung verwenden.

Weil Sie von jedem Bildungsbereich solch ein Diagramm besitzen, wird ersichtlich, welchen Bereich Sie im kommenden Planungszeitraum stärker berücksichtigen sollten, weil die Kinder hier im Vergleich zu anderen Kompetenzen durchschnittlich zurückliegen.
Unsere fiktive Beispieltabelle sagt aus, dass die Kinder in Gruppe C im Bildungsbereich „Mathematik", verglichen mit anderen Bildungsbereichen, deutlich zurückliegen. Klare Folgerung: Sie müssen die Kompetenzen im Bereich „Mathematik" in der nächsten Zeit stärker fördern.

Die Tabellen weisen auch aus, wie viele Kinder jeweils deutlich vom Durchschnitt abweichen. Beachten Sie die Spalte „Universum": Hier haben fast alle Kinder die höchste Stufe erreicht, nur zwei Kinder liegen weit abgeschlagen. Also ist es angebracht, für diese Kinder eigene Förderangebote zu entwickeln und eventuell eine kleine Lerngruppe zusammenzustellen.

Der Vergleich zwischen den Gruppen

Wie schneidet Ihre Gruppe im Vergleich zu den gleichaltrigen Kindern der Nachbargruppe ab? Was kommt heraus, wenn man die Gruppen im Kindergarten, in denen Kinder verschiedenen Alters sind, einander gegenüberstellt?
Die Ergebnisse aus der oberen Tabelle können Sie bei Bedarf mit den Mittelwerten aus den Tabellen anderer Gruppen – oder auch deren Werte für einzelne Bildungsbereiche – in einer weiteren Tabelle miteinander vergleichen, um einen Überblick auf der Ebene der Einrichtung zu erhalten. Ebenso ist es möglich, die Gesamt- oder Bildungsbereich-Ergebnisse einer Gruppe über einen Zeitraum von mehreren Jahren zu vergleichen.

Beispiel B: Gesamtübersicht des Kindergartens in Bezug auf den Bereich „Atelier"

Stufenauswertung

Erfasster Bereich: Atelier
Datum: 3. Dezember 2011

Stufe	Gruppe A	Gruppe B	Gruppe C	Gruppe D	Mittelwert
4	0	0	4	9	3,3
3	1,75	3	9	4	4,4
2	5,5	7	1	1	3,6
1	3,75	2	3	0	2,2
Durchschnittswert:	1,8	2,1	2,8	3,6	2,6

Beispiel C: Entwicklung der Gruppe C in Bezug auf die Mittelwerte

Stufenauswertung
Gruppe: C
Erfasster Bereich: Mittelwert
Datum: 3. Dezember 2011

Stufe	Nach 1 Halbjahr	Nach 1 Jahr	Nach 1,5 Jahren	Nach 2 Jahren	Nach 2,5 Jahren	Nach 3 Jahren
4	0	0	0	1,1	2,5	7,3
3	1	1,8	3,2	4,2	6,4	4,4
2	3	7,2	9	7,8	6,2	3,7
1	13	8	4,8	3,9	1,9	1,6
Durchschnittswert:	1,3	1,6	1,9	2,1	2,6	3,0

Wie können die Ergebnisse verwendet werden?

Sie können feststellen, wo Sie die Kinder Ihrer Gruppe besonders gut fördern konnten, und erfahren, wo für manche Kinder stärkere Förderung sinnvoll wäre.

Ihr Team erhält Einblick, ob es gelingt, für alle Altersgruppen gleichermaßen gut zu planen, oder ob einzelne Gruppen stärker in der Planung berücksichtigt werden müssen.

Die Ziel-Karten

In der Auswertung haben Sie ermittelt, welche Kompetenzen Sie im folgenden Halbjahr gezielt fördern möchten, indem Sie entsprechende Bildungsangebote planen. Um diese Ziele im Verlauf der nächsten Monate nicht aus den Augen zu verlieren, ist es hilfreich, sie auf einzelne Karten zu schreiben.
Warum nicht auf eine Liste?
Stehen die Ziele auf einzelnen Karten, können Sie die Karten bei den monatlich oder wöchentlich stattfindenden Planungssitzungen immer wieder auslegen und überprüfen, was erfüllt wurde und was in der aktuellen Planung dringend zu berücksichtigen ist. Erschwert die Anzahl an Ziel-Karten die Überschaubarkeit, können einzelne Karten erst einmal beiseite gelassen werden.

Handlungsschritt:	Auswahl von Kompetenzzielen, Entwerfen von Ziel-Karten
Ziel:	Wir entscheiden, bei welchen Kompetenzen die Kinder im nächsten Halbjahr intensiv gefördert werden sollen. Kollektive und individuelle Ziele werden festgelegt.
Termin:	Vor Beginn des Halbjahres
Aktionsform:	Mehrstündige Zusammenkunft der Pädagogen, möglichst an einem Schließtag
Nötige Unterlagen:	Leere Ziel-Karten aller Bildungsbereiche für das laufende Halbjahr, Tabelle der Stufenauswertung

So gehen Sie vor:
Wählen Sie zunächst im Team aus, welche Ziele im kommenden Halbjahr bearbeitet werden müssen.
Wie viele Ziele wollen Sie auswählen? Die Gesamtzahl aller anzustrebenden Kompetenzstufen hängt natürlich von den Ergebnissen der vorherigen Auswertung der Einstufung ab. Es empfiehlt sich jedoch, die Anzahl der zu bearbeitenden Ziele zu begrenzen: Unserer Erfahrung nach ist es günstig, jeden Monat pro Bildungsbereich etwa drei Ziele anzustreben. Demzufolge empfehlen wir, für den Planungszeitraum von einem halben Jahr etwa 15 bis 20 Ziel-Karten für jeden Bildungsbereich herzustellen.
Auf den Ziel-Karten „Ziele für das Halbjahr" tragen Sie ein, was Sie anstreben. Es kann sich dabei sowohl um Gruppenziele als auch um Ziele für einzelne Kinder handeln, die besondere Förderung brauchen, weil sie sich langsamer oder schneller als die anderen entwickeln. Die Formulierungen aus den Stufenlisten können Sie in eigenen Worten wiedergeben, am besten in der „Ich kann…"-Form. Zum Beispiel: „Ich verstehe und benutze Mengenbegriffe wie ein paar, weniger, mehr."
Nach Bildungsbereichen geordnet, können Sie die Karten in Karteikästen oder Prospekthüllen sammeln.

Die Ziele bestimmen das Material

Welches Material brauchen Sie, um die Kinder beim Erwerb der ausgewählten Kompetenzen zu unterstützen? Was müssen Sie beschaffen und von nun an offen präsentieren? Welche Dinge können Sie getrost für eine Weile aussortieren?
Je genauer Sie bestimmen, welche pädagogischen Ziele erreicht werden sollen, desto leichter ist es, beim Material nicht mehr auf den Zufall zu bauen, nach dem Motto: Irgendwas findet sich immer, und wenn sich Bedarf für etwas Bestimmtes ergibt, ist hoffentlich Geld da. Vielmehr können Sie auf der Grundlage der Ziel-Karten nun eine Einkaufsliste für das Halbjahr aufstellen.

Von der Materialbestellung zur bewussten Materialauslage: Ein Team, das klare Vorstellungen hat, was es bei den Kindern fördern möchte, kann diese Klarheit auf das Materialangebot ausdehnen. Materialien, die aufgrund der ermittelten Entwicklungsstufen der Kinder unangebracht sind, können aussortiert werden, um Platz für Dinge zu schaffen, die jetzt gebraucht werden.

Handlungsschritt:	Materialbeschaffung
Ziel:	Wir wählen aus, welche Materialien wir benötigen, um die festgelegten Ziele zu erreichen.
Termin:	Vor Beginn des Halbjahres, nach der Zielplanungssitzung
Aktionsform:	Teamarbeit oder Einzelarbeit der Pädagogen
Nötige Unterlagen:	Ziel-Karten aller Bildungsbereiche für das laufende Halbjahr, Materialliste

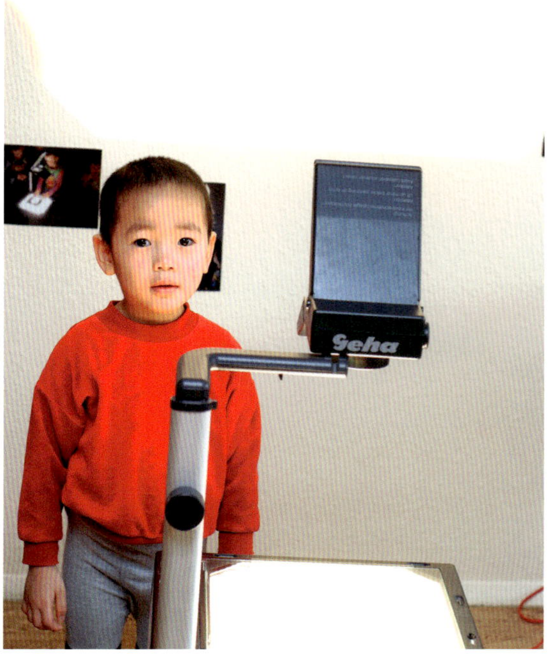

So gehen Sie vor:
Bedarfgerechtes Beschaffen von Materialien nach der Zielplanungssitzung erfordert ein gut verwaltetes Materialbudget, das Neuanschaffungen zwei Mal pro Jahr ermöglichen sollte.
Um unwichtige Materialien wegräumen zu können und Platz für derzeit notwendige Dinge zu schaffen, braucht Ihre Einrichtung einen Materialraum. Dieser Raum darf keine Rumpelkammer für defekte Spielzeuge und Dinge sein, von denen Sie sich nicht trennen können. Gut strukturierte Pädagogik erfordert einen Materialraum mit Ordnung und Übersicht in den Regalen.

Rechtzeitige Materialplanung verschafft Ihnen Zeitreserven, bevor Sie ein Angebot vorschlagen. Ausreichende Vorbereitungszeit brauchen Sie auch, um darüber nachzudenken, was in dem von Ihnen verantworteten Bildungsbereich tatsächlich aussortiert werden kann und was neu zu beschaffen ist.

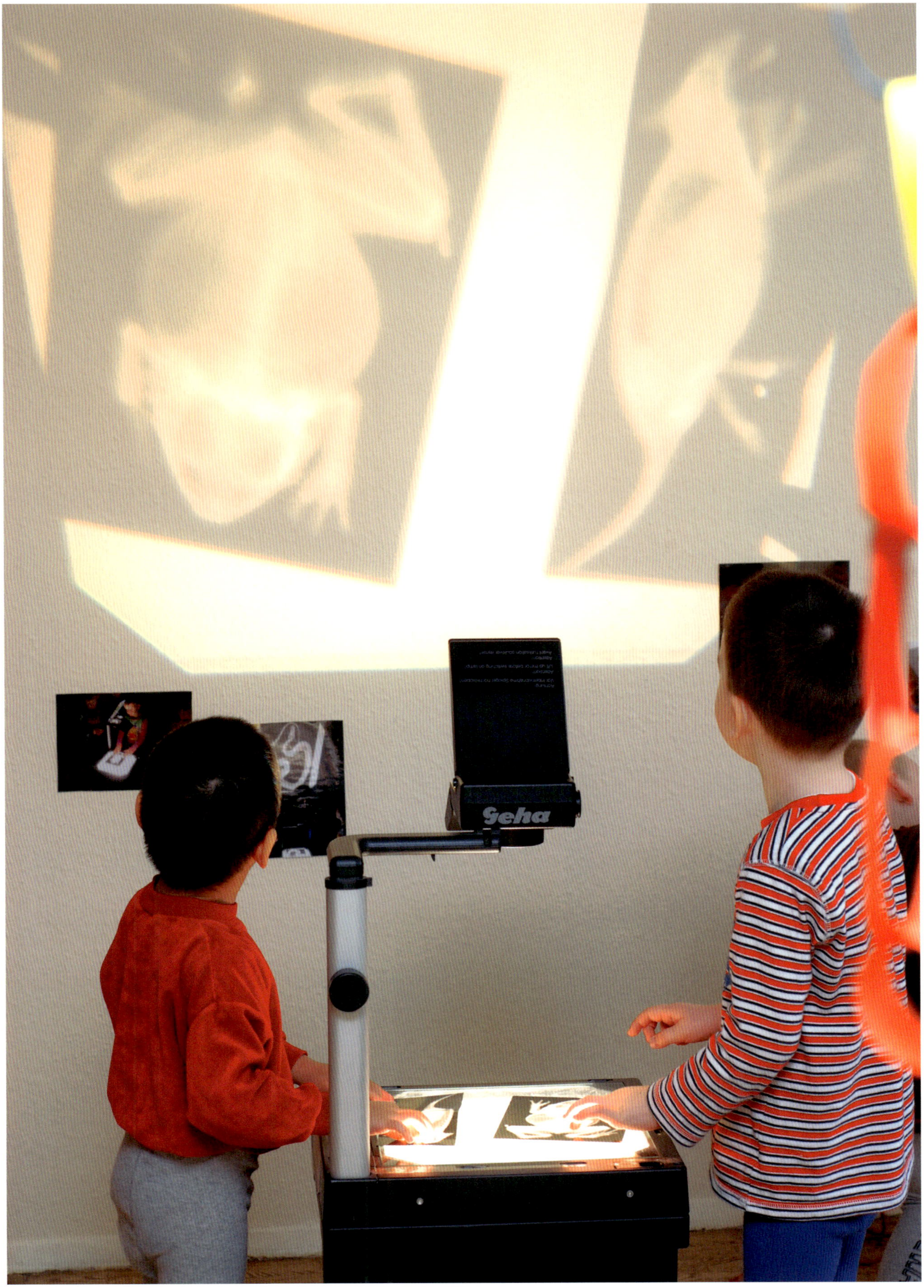
Geha

Aus Zielen werden Angebote: Die Monatsplanung mit dem Lotusplan

In der Monatsplanungssitzung entsteht die Planung der Gesamtgruppe für den folgenden Monat. Es wird entschieden, welche Kompetenzen als nächstes gefördert werden sollen, um ein geeignetes Monatsthema auswählen zu können.

Wichtigstes Instrument für die Planung ist der Lotusplan. Er besteht aus acht äußeren und einer mittleren „Lotusblüte". Während die acht äußeren Blüten Platz für die sechs Bildungsbereiche und allgemeine Ziele bieten, enthält die innere Blüte das Monatsthema mit Schwerpunktsetzungen. Das mittlere Feld der inneren Blüte ist also das Themenfeld, umgeben von den Blütenblättern der Schwerpunktfelder.
Bei den äußeren Blüten ist das mittlere Feld jeweils das Zielefeld. Hier werden die Fachbereichsziele eingetragen, während die Blütenblätter Angebotsfelder sind und konkrete Angebote enthalten.

Handlungsschritt:	Monatsplanung aufstellen
Ziel:	Wir legen das Thema und die zu fördernden Kompetenzen auf der Monatsplanungssitzung mittels Stufenlisten und Lotusplan fest.
Termin:	Monatlich, vor Beginn des neuen Monats
Aktionsform:	Etwa zweistündige Zusammenkunft der Pädagogen
Nötige Unterlagen:	Ziel-Karten aller Bildungsbereiche für das laufende Halbjahr, Poster „Lotusplan" auf der Moderationswand

So gehen Sie vor:

Erster Schritt: Monatsthema festlegen

Wählen Sie ein Thema, das die Kinder derzeit bewegt oder in den nächsten Wochen bewegen könnte. Tragen Sie es in das Monatsthema-Feld ein.
Entscheiden Sie sich für ein Thema, das den folgenden vier ALFA-Kriterien für gute Bildungsthemen entspricht: alltagsnah, altersoffen, langfristig, Fragen hervorrufend.

Alltagsnah: Das Thema steht in direktem Bezug zum Leben der Kinder, kann also tatsächlich erlebt und erfahren werden.

Langfristig: Das Thema ist umfassend genug, um die Kinder über mehrere Wochen zu interessieren.

Fragen hervorrufend: Die Kinder können und wollen bei dem Thema etwas herausfinden. Frage: Was interessiert euch besonders daran, was wollt ihr herausfinden?

Altersoffen: Das Thema bietet für verschiedene Alters- und Entwicklungsniveaus gleichermaßen interessante Anknüpfungspunkte.

Zweiter Schritt: Schwerpunkte festlegen

Überlegen Sie sich inhaltliche Schwerpunkte innerhalb des Themas, die die Kinder jeweils etwa eine Woche lang interessieren könnten. Tragen Sie die ersten Schwerpunkte in die Felder um die mittlere Lotusblüte (Themenfelder) ein.

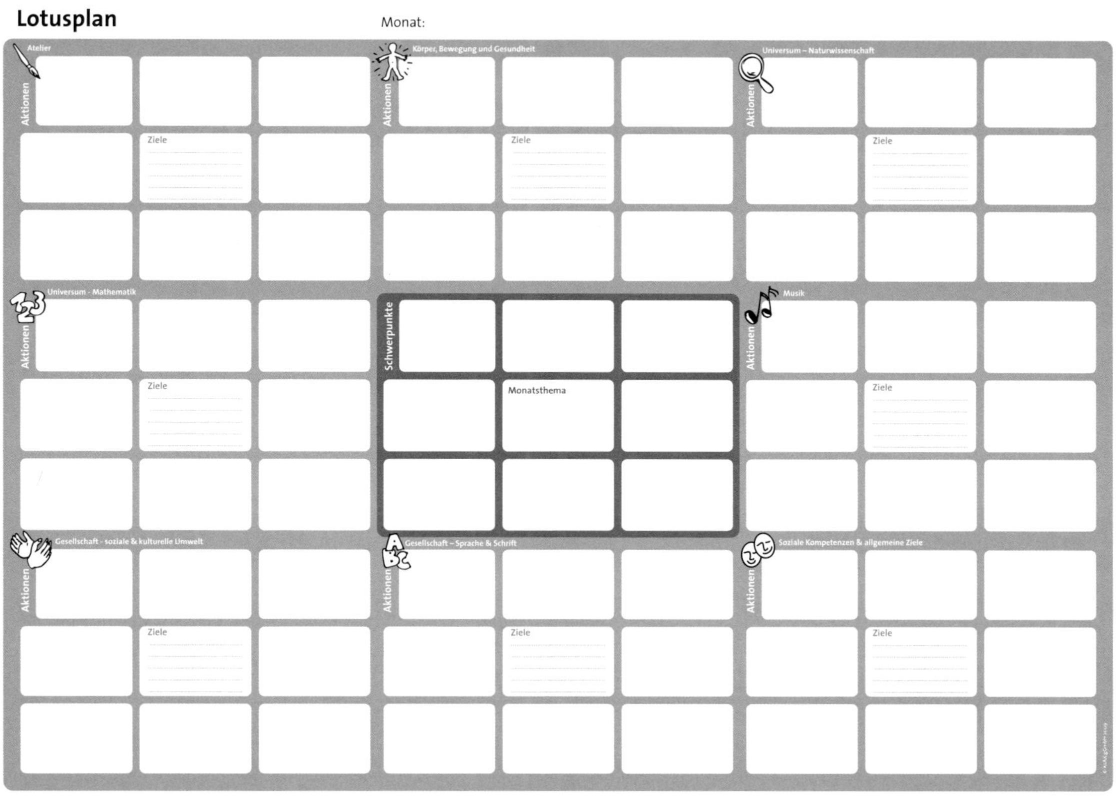

Dritter Schritt: Ziele auswählen

Wählen Sie je Bildungsbereich zwei oder drei Ziele aus, nach Möglichkeit mit verschieden hohem Niveau, um den unterschiedlichen Entwicklungsständen der Kinder gerecht zu werden. Tragen Sie die Ziele in die Mitte des Feldes für jeden Bildungsbereich ein.

Vierter Schritt: Angebote entwickeln

Verbinden Sie Ziel und Aktion: Welches Ihrer Bildungsbereichsziele lässt sich mit den bereits geplanten und eingetragenen Aktionen erreichen? Durch welche Angebote lässt sich das umsetzen?

Ein Beispiel: Das Thema ist „Leben im Wald“, als Aktion ist ein Waldspaziergang geplant. Weil ein Atelierziel „Kennenlernen der Farben“ lautet, könnte das Angebot „Blätter sammeln, nach Farben ordnen und damit etwas gestalten“ sein.

Tragen Sie die geplante Aktion in die Lotusblüte Ihres Fachbereichs ein, und zwar in ein Aktionsfeld. Wählen Sie, damit der Plan übersichtlich wird, immer das Aktionsfeld, das an der Stelle des entsprechenden Schwerpunktfeldes der mittleren Blüte steht. An der Stelle von Schwerpunkt 1 im mittleren Feld steht bei der Kreativitäts-Blüte das Angebot, mit dem der Schwerpunkt 1 im Bildungsbereich „Kreativität“ umgesetzt wird.
Überprüfen Sie, ob alle geplanten Aktionen dazu beitragen, Ihre Ziele zu erreichen. Wenn nicht: Achten Sie darauf, dass noch nicht festgelegte Aktionen für noch nicht untergebrachte Ziele reserviert werden.

Fünfter Schritt: Die Auswertung

Werten Sie Ihren Plan am Ende des Planungszeitraums aus: Tragen Sie Häkchen in die Zielerreichungskästen ein, wenn Ziele ganz oder teilweise erfüllt wurden. Heften Sie die bereits bearbeiteten Ziel-Karten zusammen mit dem alten Monatsplan ab.

Wie geht es am Ende des Halbjahres weiter?

Wieder planen Sie kreislaufartig, indem Sie auf der Sitzung, die der Vorbereitung des neuen Halbjahres dient, den aktuellen Stand des Kompetenzerwerbs der Kinder ermitteln. Legen Sie diese Tabellen neben die vor sechs Monaten entstandenen, ergibt sich ein Einblick in den Erfolg Ihrer Arbeit: Wo sind die Kinder vorangekommen? Wo wurden sie nicht erfolgreich gefördert? Eventuell zeigt so ein Vergleich auch, welche Fortschritte die Kinder machten, obwohl sie in einem Kompetenzbereich nicht explizit gefördert wurden.

Individuelle Entwicklungsplanung für Kinder: Portfolioarbeit

Um Kinder zu befähigen, selbstverantwortlich zu lernen und ihr Lernen zu reflektieren, reicht das Instrument der Stufenlisten nicht aus. Für Kindergartenkinder sind sie viel zu abstrakt. Deshalb muss diese Entwicklungsdokumentation in eine kindgerechte Form übersetzt werden: die Portfolios.
In Portfolios können Sie festhalten, was beim Abhaken erreichter Kompetenzen auf der Stufenliste nicht erfasst wird: die emotionale Bedeutung eines Lernschritts für das Kind. Sie können festhalten, wie es sich anfühlte, eine Sache – und viele andere – plötzlich zu beherrschen. Sie können den Weg beschreiben, den ein Kind zurücklegte, können festhalten, ob ihm das Lernen leicht fiel oder nicht. Vor allem aber können Sie dem Kind im Portfolio mitgeben, was es am meisten braucht, um sich gut zu entwickeln: Lob, Mit-Freude darüber, dass es etwas Neues kann, und Zuversicht, dass es auch die nächsten Herausforderungen meistern wird.

Was ist ein Portfolio?

- Ein Portfolio ist eine Sammlung von Dokumenten, die unter aktiver Beteiligung der Lernenden entsteht und nicht nur ihre Lern-Ergebnisse festhält, sondern auch etwas über die Lernprozesse aussagt, aus denen die Ergebnisse hervorgingen.
- Den Kern eines Portfolios bilden Bilddokumentationen, die belegen, dass eine Kompetenz erreicht wurde. Grundsätzlich soll das Portfolio ein Album der Erfolge des Kindes sein: Alle Arbeiten sollen Lernerfolge sichtbar machen.
- Mit Portfolios wird aktiv gearbeitet: Sie sollen dem Umfeld des Kindes in einem geeigneten Rahmen präsentiert werden, so dass Gespräche über das Lernen und die Leistungen des Kindes ermöglicht werden. Das gemeinsame Betrachten mit dem Kind soll Prozesse der Selbstreflexion in Gang setzen: So lerne ich also...

„Was habt ihr heute im Kindergarten gespielt?“

Dass die Kinder zusammen lernen, im Spiel und im gemeinsamen Erleben, dass genau dies Lernen ist – früher war das nur wenigen Menschen bewusst. Portfolios zeigen, dass Kinder nicht „nur“ spielen, sondern dabei lernen. Dass sie lernen, indem sie spielen und gemeinsam erleben.
Portfolios motivieren, weil sie Kindern ihre eigenen Wege und Fortschritte vor Augen führen, statt Vergleiche mit anderen Kindern nach dem Motto „Besser oder schlechter?“ nahezulegen. Portfolios aktivieren, weil sie dem Kind zeigen, was es aus eigener Kraft erreicht hat.

Handlungsschritt:	Dokumentieren wichtiger Lernschritte des Kindes im Portfolio, Förderung der Selbstreflexion
Ziel:	Wir halten wichtige Lernschritte des Kindes im Portfolio mit Bild und Text in einer Form fest, die Anerkennung ausdrückt und es dem Kind ermöglicht, sich an Lernsituationen zu erinnern.
Termin:	Kontinuierlich, jeweils nach Erwerb neuer Kompetenzen
Aktionsform:	Einzelarbeit der Erzieherin oder der Eltern. Mit zunehmendem Alter kann das Kind in die Dokumentation einbezogen werden (etwa ab vier Jahren)
Nötige Unterlagen:	Portfolio jedes Kindes, Formblätter für das Portfolio, Fotos

Wie wird ein Portfolio aufgebaut?

Ein Portfolio braucht Struktur, soll es keine unübersichtliche, zufällige Sammlung von Dokumenten werden, sondern ein Ordner, in dem man den Lernfortschritt eines Kindes verfolgen kann. Die klare, verständliche Gliederung trägt dazu bei, dass sich auch Kinder und Eltern in dem Ordner zurechtfinden.
Sich im Team auf eine einheitliche Struktur aller Portfolios zu einigen, ist darüber hinaus sinnvoll, weil an dem Dokument mehrere Pädagogen arbeiten und weil es später vielleicht an die Lehrerin weitergereicht wird, die sich darin ebenfalls zurechtfinden soll. Vor allem aber hilft eine klare Struktur mit durch Trennblätter gegliederten Abschnitten Ihnen, neue Blätter ohne großen Aufwand in die Portfolios der Kinder einheften zu können.
Unsere Empfehlung: Das Portfolio eines Kindes sollten Sie zunächst in einen einleitenden Teil für die Ich-Seiten und einen zweiten für die Lernbeweise gliedern. Die weitere Gliederung in Bildungsbereiche vereinfacht das Sortieren, wenn Sie sich im Team auf eine Sortierrichtung einigen: Alle neuen Blätter werden immer hinter das letzte Blatt geheftet, sodass die fortschreitende Entwicklung des Kindes sichtbar wird.

Welche Blätter sollte ein Portfolio umfassen?

Zwei Kategorien von Blättern sollte das Portfolio umfassen: Ich-Seiten und Lernbeweis-Blätter. Zusätzlich können Sie die Stufenlisten, Protokolle aus Entwicklungsgesprächen und andere Dokumente der Entwicklungsförderung des Kindes im Ordner abheften.

Ich-Seiten nennen wir Blätter, auf denen das Kind etwas über sich erfährt und sich – mit zunehmendem Alter – selbst darstellt. Auf Ich-Seiten kann festgehalten werden, welche besonderen Eigenschaften ein Kind hat – derzeit und in der Vergangenheit. Alle Ich-Blätter sollten also regelmäßig durch aktuelle Versionen ergänzt werden.[1]

1 Ausführliche Darstellung siehe: Bostelmann, Antje: Das Portfolio-Konzept für Kita und Kindergarten. Mülheim, 2007

Was kann in Text und Bild festgehalten werden? Neben dem Aussehen des Kindes, seiner Familie und seiner Lebenswelt sollten die Blätter auch Vorlieben des Kindes erfassen: Das sind meine Freunde, dieser Beschäftigung gehe ich gern nach, das kann ich besonders gut... Nach und nach geht die Dokumentation von Eigenschaften und Vorlieben zur Abbildung von Kompetenzen über.

> *Die Botschaft der Ich-Seiten*
> Ich bin ein einzigartiger Mensch mit vielen Facetten. Ich habe viele individuelle Stärken. Obwohl ich immer der gleiche Mensch bleibe, kann sich das, was ich gut kann und mag, wie mein Aussehen über die Jahre verändern.

Lernbeweis-Blätter wie *„Geschafft! Gelernt!“* sind das Kernstück des Portfolios. Sie legen sichtbar Zeugnis davon ab, welche Kompetenzen ein Kind erworben hat.

Was unterscheidet Lernbeweis-Blätter von Stufenblättern?

Im Alltag ist es kaum möglich, das Erreichen einer Lernstufe innerhalb jeder Kompetenz mit einem eigenen Blatt zu würdigen. Deshalb sind Lernbeweis-Blätter beim Erreichen niedrigerer Lernstufen nur sinnvoll, wenn es um Fortschritte geht, die für ein Kind bedeutsam sind. Schließlich soll das Portfolio grundsätzlich den Blick des Lernenden auf seine Erfolge wiedergeben, nicht den Blick der Lehrenden auf eine Lernstufe.
Ein Kriterium bei der Beurteilung, ob ein beobachteter Kompetenzerwerb dokumentiert werden soll, ist daher die Frage, ob der Kompetenzzuwachs etwas im Leben des Kindes veränderte, ob seine Handlungsfähigkeit sich erweiterte, ob es jetzt etwas Neues kann. Wenn das der Fall ist, sollte der Lernbeweis unbedingt im Portfolio dokumentiert werden, als Beleg für das Kind, dass es etwas geschafft hat und stolz darauf sein kann. Das motiviert zu neuen Anstrengungen.

Die Botschaft der Lernbeweise für das Kind und seine Eltern
Ich lerne immer mehr Dinge, die mir nützen. Ich habe mir diese Kompetenzen auf eine für mich charakteristische Weise angeeignet und werde auch kommende Herausforderungen bewältigen. Weil mein Weg und meine Art des Lernens einzigartig sind, spielt es keine Rolle, was andere Kinder können.

Wie formuliert man im Portfolio?

Ein Portfolio erweitert die Dokumentation des Entwicklungsfortschritts zunächst um Fotos, auf denen zu sehen ist, was ein Kind gelernt hat. Ob das Kind dadurch für weiteres Lernen aktiviert wird, hängt vor allem davon ab, wie Sie erläutern, was auf dem Bild zu sehen ist. Grundsätzlich sollten alle Erklärungen in wertschätzender Sprache verfasst sein, das Kind zu weiterem Lernen aktivieren und es an Lernschritte erinnern, die durch das Bild allein nicht erkennbar werden.
Unter dem Foto als Lernbeweis können Sie kurz benennen, welcher Kompetenzschritt abgebildet ist. Die Formulierung soll würdigen, was das Kind erreicht hat und nicht darauf verweisen, was es noch leisten muss. Also: „Du hast es geschafft!“ statt „Du kannst schon…, aber jetzt musst du noch…“.

Da es beim Kompetenzerwerb wichtig ist, den damit einhergehenden Fortschritt der Handlungsfähigkeit zu würdigen, empfiehlt es sich, genau zu beschreiben, in welchem Zusammenhang die neue Kompetenz erworben wurde – oder nun angewendet werden kann: „Du hast gelernt, deinen Namen zu schreiben. Nun beschriftest du deine Sachen selbst.“

Sinn des Portfolios ist auch, das Kind erfahren zu lassen, was seine bevorzugten Lernwege sind und welche individuellen Hürden es auf welche Weise überschreiten konnte. Deshalb sollten Sie die anerkennende Benennung der Kompetenz und die Beschreibung des Zusammenhangs, in dem sie erworben wurde, mit einer kurzen Schilderung des Ablaufs ergänzen: „Du hast das geschafft, weil du oft geübt hast, manchmal sogar allein. Du hast nicht aufgegeben.“ Mit solchen Sätzen helfen Sie dem Kind, sich später daran zu erinnern, wie es war, als es einen der vielen Lernschritte bewältigt hatte.

Rückschau auf das Erreichte: Die Portfoliowoche

Portfolioarbeit dient nicht nur der Rückschau auf absolvierte Lernprozesse, sondern auch dem Blick auf neue Ziele des Lernens. Das ist auch logisch, denn wenn man mit Kindern übt, eigene Lernwege zu reflektieren, kann man sie nach und nach in die Planung neuer Lernwege einbeziehen. Dafür empfiehlt es sich, Rituale des gemeinsamen Arbeitens und Planens einzuführen.

Was hat sich im letzten halben Jahr ereignet? Was habe ich gelernt, was haben die anderen Kinder in dieser Zeit gelernt? Wenn wir mit den Kindern über Ziele sprechen, ist es unumgänglich, auch darüber zu reden, wie man die Ziele erreicht.
Eine günstige Form für eine solche Rückschau kann die Portfoliowoche sein, mit der das Halbjahr abgeschlossen wird. In dieser Woche beschäftigen die Kinder sich intensiv mit den eigenen Portfolios, um all das, was sie in den vergangenen Monaten erlebt und gelernt haben, Revue passieren zu lassen.
Weil es während der Woche ohnehin üblich ist, die Portfolios auf Vollständigkeit zu überprüfen, ist jetzt die richtige Zeit, um die Stufenblätter jedes Kindes zu aktualisieren, denn die nächste Zielplanungssitzung, auf der die Ziel-Karten angefertigt werden, steht unmittelbar bevor.

Handlungsschritt:	Vervollständigen und Präsentieren der Portfolios
Ziel:	Das Portfolio jedes Kindes befindet sich auf dem aktuellen Stand. Die Kinder reflektieren, was sie im vergangenen Halbjahr gelernt haben.
Termin:	Halbjährlich, zum Ende des Halbjahres
Aktionsform:	Der Kindergarten steht den Eltern offen
Nötige Unterlagen:	Portfolio jedes Kindes, Formblätter für das Portfolio

So gehen Sie vor:
Legen Sie im Team fest: Bildungsangebote in verschiedenen Fachgebieten finden in dieser Woche nicht statt, sondern die Kinder bleiben bei ihren Bezugserzieherinnen. Jede Erzieherin verabredet sich mit den Kindern, für die sie zuständig ist, um die Portfolios mit ihnen anzuschauen.
Sehen Sie das Portfolio in gemütlicher Atmosphäre mit jedem Kind Blatt für Blatt durch. Fragen Sie bei jedem interessanten Blatt nach, was darauf zu erkennen ist und ob sich das Kind noch daran erinnert. Insbesondere die Ich-Seiten geben eine gute Gesprächsgrundlage. Besprechen Sie mit dem Kind: Fehlen Blätter? Hat es kürzlich noch etwas gelernt, das un-

bedingt in den Ordner gehört? Soll ein neues Blatt angefertigt oder ein altes aussortiert werden, weil es im Rückblick nicht mehr so wichtig ist?
Planen Sie ausreichend Zeit ein, damit die Kinder einander einzelne Blätter zeigen und darüber ins Gespräch kommen können. Fragen Sie das Kind, das sein Portfolio präsentiert: Worauf bist du besonders stolz? Was fiel dir schwer?
Öffnen Sie den Kindergarten in der Portfoliowoche für die Eltern: Jetzt ist Zeit, um den Gruppenalltag kennenzulernen. Günstig ist es, Eltern in dieser Woche zum Entwicklungsgespräch einzuladen.

Finden Sie einen guten Ausklang für die Portfoliowoche, der dem Stolz auf das Erreichte gerecht wird: Ein Sommer- oder Winterfest, ein interessanter Ausflug oder ein besonders tolles gemeinsames Frühstück können die Woche abschließen, mit der das Lernen gefeiert wird.

Botschaft der Portfoliowoche für das Kind und seine Eltern
Wir lernen Tag für Tag etwas dazu. Viele Dinge, die wir im vergangenen Zeitraum lernten, sind schon so alltäglich geworden, dass wir uns kaum noch daran erinnern.
Ich lerne etwas, andere Kinder lernen etwas anderes. Wir freuen uns gemeinsam, dass wir viele neue Dinge gut können.

Mit Eltern über Erreichtes sprechen: Die Entwicklungsgespräche

In Kindergärten, deren Teams stets für die Gesamtgruppe planen, dienen Elterngespräche meist der Information und schließen mit „Noch Fragen?“, denn wer für die Gruppe plant, kann die Bedürfnisse von 20 oder 30 Elternpaaren nicht berücksichtigen.
Individuelle Entwicklungsplanung verändert die Elterngespräche, weil sie Aktivität von beiden Seiten braucht: Beim Einschätzen des Kindes mit Hilfe der Stufenblätter ergänzt die Sicht der Eltern Ihre Wahrnehmungen. Auch wenn es um das Erreichen der nächsten Stufe und um konkrete Förderung dabei geht, brauchen Sie die Eltern nicht nur als Mitwisser, sondern als aktive Unterstützer, denn es ist sinnvoll, Kindern beim Erwerb neuer Kompetenzen daheim zu helfen. Verständigen sich Eltern und Pädagogen darüber, was man tun kann, damit ein Kind die nächste Stufe mit Freude und Bravour nimmt, dann wirkt sich das positiv auf die Eltern aus: Es macht sie froh und zufrieden, ernsthaft Anteil an der Entwicklungsförderung des Kindes zu nehmen, statt bloß darauf vertrauen zu müssen, dass alles gut läuft, oder gar dubiosen Förderangeboten Außenstehender aufzusitzen.

Wie kann die Arbeit mit Stufenblättern dazu beitragen, Eltern aktiv an der Arbeit der Pädagogen zu beteiligen?

Eltern fällt es in der Regel viel schwerer als Pädagogen, am Verhalten ihrer Kinder zu erkennen, an welchen Zielen sie gerade arbeiten, welche neue Kompetenz sie sich aneignen. Die Stufenblätter vereinfachen, indem sie den Blick auf bestimmte Kompetenzen fokussieren. Sie sind quasi eine Seh-Hilfe, weil sie auf einen Blick zeigen, was bereits bewältigt wurde und was wahrscheinlich als nächster Schritt ansteht.

Übrigens: Es ist sinnvoll, diese neue Art des Elterngesprächs durch einen anderen Namen von seinem klassischen Vorgänger zu unterscheiden. Nennen Sie es „Entwicklungsgespräch“, wird klar, dass es nicht um ein Gespräch über aktuelle Probleme des Kindes und auch nicht um die Abrechnung purer Lern-Ergebnisse geht.

Können Kinder am Entwicklungsgespräch teilnehmen?

Lange war es unvorstellbar, dass Kinder dabei sein dürfen, wenn über sie gesprochen wird. Je besser es Eltern und Pädagogen gelingt, über die Stärken und nicht über die Probleme von Kindern zu sprechen, je intensiver das Portfolio als Arbeitsinstrument genutzt wird, umso sinnvoller wird es, die Kinder einzubeziehen. Mit etwa fünf Jahren können sie anhand ihrer Portfolios durchaus über sich und ihr Lernen berichten. Werden sie als Experten für ihre Entwicklung ernst genommen, erhöht das ihre Reflexionsfähigkeit wie von selbst.

Wollen Sie Kinder in Entwicklungsgespräche einbeziehen, müssen Sie das gut vorbereiten, sich also vorab mit den Eltern auf einen anerkennenden Umgang mit den Lernprozessen der Kinder verständigen und mit dem betreffenden Kind üben, worauf es beim Vorstellen des Portfolios ankommt. Da so ein Gespräch nur ein Mal im Halbjahr vorkommt, also selten, kann es sein, dass das Kind vergessen hat, wie es abläuft.
Kinder und Eltern sollen motiviert werden, zwischendurch immer mal wieder im Portfolio zu blättern. Eltern sollen dem Kind ihr Interesse daran so oft wie möglich zeigen, damit sein Bedürfnis wächst, das Portfolio vorzustellen.

Handlungsschritt:	Entwicklungsgespräch
Ziel:	Wir stellen vor, welche Kompetenzen das Kind im vergangenen Halbjahr erreicht hat. Wir besprechen, wie wir das Kind in seiner aktuellen Entwicklung fördern können.
Termin:	Einmal im Halbjahr
Aktionsform:	Von Erzieherin moderiertes Gespräch mit Eltern, ab geeignetem Alter auch mit Kind
Nötige Unterlagen:	Portfolio des Kindes mit aktualisierten Stufenblättern, leeres Feedback-Blatt „Das gefällt mir gut…“ für das Portfolio, Blatt „Ziele verabreden“

So gehen Sie vor:
Reservieren Sie in Ihrer Dienstplanung ausreichend Zeit für die Elterngespräche. Streben Sie an, halbjährlich mit allen Eltern ein Gespräch zu führen – mindestens jeweils eine halbe Stunde lang.

Wie kann gesichert werden, dass Eltern das Angebot des Entwicklungsgesprächs als verbindlich wahrnehmen?

Legen Sie einen Zeitraum fest, in dem Sie alle Elterngespräche führen möchten. Entscheiden Sie sich entweder für einen begrenzten Zeitabschnitt, in dem Gespräche täglich stattfinden, oder für wiederkehrende Termine: Jeden Donnerstagnachmittag ist Elterngesprächs-Zeit. Führen Sie eine Liste mit allen Eltern. Schlagen Sie ihnen Termine zur Auswahl vor: „Ich habe für Sie diesen oder den folgenden Mittwochnachmittag reserviert – wann passt es besser?" Das ist verbindlicher, als den Eltern zu signalisieren, dass sie demnächst kommen können. Das nehmen erfahrungsgemäß nur bestimmte Eltern wahr, während andere fernbleiben.
Ihr Ziel sollte es sein, mit allen Eltern regelmäßig über ihre Kinder gesprochen zu haben.

Was ist bei der Vorbereitung des Gesprächs zu bedenken?

Sichern Sie, dass ein geeigneter Raum und passende Sitzmöbel zur Verfügung stehen: ein ruhiger, gemütlicher Ort ohne unbequeme Kinderstühlchen, also nicht der Gruppenraum – schon gar nicht während der störanfälligen Spielzeit. Sichern Sie, dass Sie in der anvisierten Zeit (Vorschlag: eine Dreiviertelstunde) nicht gestört oder von den Kolleginnen gebraucht werden.
Bieten Sie den Eltern an, sich vorzubereiten, indem Sie vorschlagen, Portfolioblätter anzufertigen. Sollten Sie im Gespräch Entwicklungsbögen präsentieren, auf denen die aktuelle Situation des Kindes eingeschätzt wird, ist es sinnvoll, den Eltern diese Materialien unausgefüllt vorab auszuhändigen, damit auch sie sich vorbereiten können.
Wenn Sie das Kind zum Gespräch einladen möchten: Bereiten Sie es gut vor, indem Sie ihm den Ablauf erklären und die Präsentation des Portfolios mit ihm üben.

Welcher Ablauf ist für ein Entwicklungsgespräch sinnvoll?

Beginnen Sie das Gespräch mit einem Austausch über die aktuelle Situation des Kindes, der Gruppe und der Familie. Betrachten Sie danach mit den Eltern (und dem Kind) das Portfolio, um sich gemeinsam darüber zu freuen, was das Kind seit dem letzten Gespräch dazugelernt hat. Heften Sie am Ende der Portfoliobetrachtung ein „Lob-Blatt" ein, auf dem Sie festhalten, was allen Beteiligten am Portfolio besonders gefiel und was Sie dem Kind für die nächste Zeit wünschen. Nun können Sie den Eltern zeigen, auf welchen Stufen das Kind sich Ihrer Einschätzung nach befindet. Besprechen Sie, welche Kompetenzen es – den Stufenlisten entsprechend – wohl als nächstes anstrebt, was das bedeutet und wie man das Kind dabei unterstützen kann und soll.
Einigen Sie sich bei Kindern mit problematischem Entwicklungsverlauf auf eine überschaubare Zahl an Zielen und darüber, was Sie gemeinsam mit den Eltern für das Kind tun möchten. Geben Sie den Eltern Tipps, was sie machen können, um ihrem Kind beim Erwerb der ausgewählten Kompetenzen zu helfen, welche Anregungen, Spielideen und Spielzeuge förderlich sein können. Informieren Sie die Eltern, was Sie im Kindergarten tun werden. Wenn Sie konkrete Maßnahmen verabreden, halten Sie sie schriftlich fest, zum Beispiel auf dem Blatt „Ein gemeinsames Ziel".

Botschaft des Elterngesprächs
Wir begleiten jedes Kind individuell. Deshalb müssen wir wissen, wo es steht und was es gerade braucht. Dazu benötigen wir die Einschätzung und das Engagement der Eltern. Kinder entwickeln sich auf vielerlei Weise weiter. Dennoch lohnt es sich, mit Hilfe der Stufenblätter Schwerpunkte der Entwicklung festzuhalten, um das Kind begleiten zu können.
Manche Kinder entwickeln sich schneller, andere langsamer als der Durchschnitt. Der Vergleich mit Durchschnittswerten wird keinem Kind gerecht. Vielmehr kommt es darauf an, jedes Kind auf seinem individuellen Weg zu begleiten.

Planung und Präsentation der Ergebnisse: Die Dokumentationsposter

Stufenblätter schaffen Übersicht, denn sie vereinfachen den Blick auf Bildungsprozesse. Doch bei der Dokumentation für Eltern bietet sich die Arbeit mit einer überschaubaren Anzahl von Kompetenz-Zielen an, um sie teilhaben zu lassen.
Gute Erfahrungen haben wir mit Dokumentationspostern gemacht, auf denen jeweils die Ziele des Monats benannt und bei Bedarf erklärt werden. Im Verlauf des Monats werden die Poster mit Fotos ergänzt, die die Umsetzung dokumentieren.
Darüber hinaus bietet sich an, den Eltern auf jedem Poster Tipps zu geben, was sie tun können, um ihr Kind beim Kompetenzerwerb daheim zu fördern.

Zwar macht diese Dokumentationsform Arbeit, aber sie bezieht die Eltern sinnvoll ein und beweist ihnen immer wieder, dass im Kindergarten an klaren Bildungszielen gearbeitet wird. Außerdem werden nervige Fragen nach dem Sinn der Angebote zunehmend seltener gestellt, und langwierige Erklärungen beim Elternabend werden überflüssig.

Handlungsschritt:	Dokumentationen erarbeiten
Ziel:	Wir legen dar, welche Kompetenzen wir im kommenden Monat fördern möchten. Wir dokumentieren monatlich, mit welchen Aktionen wir dieses Ziel verfolgen.
Termin:	Kontinuierlich, mit Beginn der neuen Monatsplanung
Aktionsform:	Dokumentationsposter
Nötige Unterlagen:	Lotusplan, Vorlage für das Poster, Aktionsfotos

So gehen Sie vor:
Wählen Sie für Ihre Dokumentationswand einen passenden Platz aus. Geeignet sind Orte, an denen Eltern täglich vorbeikommen und sich Zeit zum Lesen oder Betrachten nehmen können. Vielleicht gibt es eine Sitzecke in der Garderobe, in deren Nähe ein Regal für die Aufbewahrung von Projektdokumentationen passt?

Finden Sie eine geeignete Form für Ihr Poster: Eine einheitliche, gedruckte Überschrift für jeden Bildungsbereich und ein klares Layout sorgen für Wiedererkennungswert und wirken professionell. Benennen Sie die ausgewählten Ziele, erklären Sie sie bei Bedarf mit knappen Worten.
Neben dem Ziel-Poster sollte Platz für ein weiteres Poster sein, auf dem ausgewählte Aktionen, die dem jeweiligen Kompetenzerwerb dienen, dokumentiert werden – mit Datumsangabe, einer Kurzbeschreibung der Aktion und einem aussagekräftigen Foto.

Botschaft der Dokumentation
Wir arbeiten mit klaren Bildungszielen, die sich auf die aktuelle Entwicklung der Kinder beziehen. Unsere Arbeit ist professionell.
Wir möchten Eltern ermöglichen, die Bildungsprozesse ihrer Kinder zu verstehen.
Wir laden Eltern ein, daran teilzuhaben und die Kinder mit uns gemeinsam beim Erwerb der im Mittelpunkt stehenden Kompetenzen zu unterstützen.

Körper, Bewegung und Gesundheit
Wir vermitteln den Kindern Wissen über Gesundheit, Ernährung und Biologie. Wir befähigen sie, gut mit ihrem Körper umgehen zu können und trainieren ihre körperlichen Fähigkeiten.
Stufenblätter
Das haben wir gemacht!
Atelier
Wir fördern die Ausdrucksfähigkeit der Kinder beim Herstellen von Bildern und Objekten. Sie sollen künstlerisches Schaffen als genussvolle Form des Selbstausdrucks erleben können.
Stufenblätter
Das haben wir gemacht!
Musik
Wir fördern das Rhythmusgefühl der Kinder, das Lernen von Liedern, das Anbahnen von Instrumentenspiel und vermitteln Wissen über Musik als Kulturgut.
Stufenblätter
Das haben wir gemacht!
Gesellschaft
Sprache, Schrift und Medien
Wir fördern die Sprachentwicklung der Kinder im Alltagsbezug.
Wir unterstützen ihr Interesse an Schrift, Medien und anderen Formen der Kommunikation.
Stufenblätter
Das haben wir gemacht!

Gesellschaft
Soziale und kulturelle Umwelt
Wir fördern die Befähigung der Kinder zu gewaltfreier Konfliktlösung und zur Mitbestimmung. Wir vermitteln Wissen über den Aufbau unserer Gesellschaft, unsere und andere Kulturen, Zeiten und Lebensformen.
Stufenblätter
Das haben wir gemacht!
Universum Mathematik
Wir fördern das Verständnis der Kinder für Mengen, Formen, Zahlen und Ordnungen, indem wir sie einfache mathematische Problemstellungen im Alltag erleben lassen.
Stufenblätter
Das haben wir gemacht!
Universum Natur und Technik
Wir fördern, dass Kinder die grundlegenden und immer wiederkehrenden Abläufe der Natur verstehen. Wir fördern ihr technisches Verständnis.
Stufenblätter
Das haben wir gemacht!
Soziales Miteinander
Wertegrund des Kindergartens Zwergenland
Wir achten uns gegenseitig.
Wir unterstützen uns gegenseitig.
Wir sind offen und ehrlich zueinander.
Wir achten unsere Räume und unser Spielmaterial und gehen ordentlich damit um.
Wir halten gemeinsam vereinbarte Regeln ein.
Wertegrund
Stufenblätter

Formulare: Stufenlisten

Auf den folgenden Seiten finden Sie die Stufenblätter für das Arbeiten in den folgenden Bildungsbereichen:

Unter der Überschrift „Atelier" werden Bildungsziele im Bereich „Bildnerisches Gestalten" benannt.

Unter der Überschrift „Körper, Bewegung, Gesundheit" werden Bildungsziele zu den Themenschwerpunkten Bewegungserziehung, motorische Entwicklung und Ernährungswissen benannt.

Unter der Überschrift „Universum" finden Sie Bildungsziele aus den Themenbereichen Naturwissenschaft und Technik.

Unter der Überschrift „Mathematik" finden Sie Bildungsziele aus dem Themenbereich mathematische Grunderfahrungen.

Unter der Überschrift „Gesellschaft" finden Sie Bildungsziele aus dem Themenbereich soziale und kulturelle Umwelt.

Weiterhin gibt es Blätter für die Themenschwerpunkte Sprachentwicklung („Sprache") und „Soziale Entwicklung".

Warum beginnt bei mehreren Themenbereichen die Nummerierung der Blätter nicht mit 1, sondern beispielsweise mit 3?
Unser Konzept der Stufenblätter beginnt bereits in der Krippe. Bei Themenbereichen, in denen Kinder schon im Kleinkindalter deutliche Entwicklungsschritte meistern, gehören die Stufenblätter 1 und 2 also in die Krippe – wir haben sie im Buch „Stufenblätter für die Krippe" veröffentlicht.

Warum gibt es für manche Bildungsbereiche zwei oder drei, für andere hingegen fünf Stufenblätter? Das liegt jeweils an der speziellen Dynamik im jeweiligen Bildungsbereich. In manchen Bildungsbereichen entwickelt sich das Kindergartenkind einfach intensiver, um dies darzustellen, benötigen wir mehr Stufen.

Muss jedes Kind alle Stufen innerhalb der Kindergartenzeit erreichen? Keineswegs, die Stufenlisten beschreiben nicht, in welchem Alter ein bestimmter Schritt gemacht werden soll, sondern nur die Reihenfolge. Für viele der höheren Blätter gilt: Nur ein Teil der Kinder wird diese Kompetenzen im Kindergarten erwerben, die anderen dürften erst in der Schule diese Stufen erreichen. Es würde dem unterschiedlichen Lerntempo von Kindern nicht gerecht, hätten wir diese Ziele nicht auf Stufenlisten für die sich in einem Bereich schnell entwickelnden Kinder aufgeführt.

Stufenblatt Atelier / Stufe 3

Name: Jahr:

Nr.	Kompetenz	Einschätzung	Beweis
1	Ich kann verschiedene Farben benennen.		
2	Ich kann ein Bild zu einer Geschichte gestalten.		
3	Ich kann ein Objekt gestalten.		
4	Ich kann mein Bild präsentieren.		
5	Ich kann zu einem Kunstwerk etwas erzählen.		
6	Ich kann meinen Arbeitsplatz aufräumen.		

Dieses Stufenblatt wurde am erreicht.

Unterschrift Erzieher/in: Unterschrift Kind:

Kriterienblatt Atelier / Stufe 3

Übersicht über die Kriterien, an denen man den Erwerb der Kompetenz feststellen kann.

Nr.	Kompetenz	Kriterien
1	Ich kann verschiedene Farben benennen.	*Kann Grundfarben und einfache Mischfarben benennen.*
2	Ich kann ein Bild zu einer Geschichte gestalten.	*Kann den Inhalt einer gehörten Geschichte in eine sichtbar darauf bezogene Bildgestaltung umsetzen.*
3	Ich kann ein Objekt gestalten.	*Kann ein plastisches Objekt durch Kneten oder Verbinden von Materialien herstellen.*
4	Ich kann mein Bild präsentieren.	*Kann zu seinem Bild vorstellen, was es darstellt oder wie es entstand.*
5	Ich kann zu einem Kunstwerk etwas erzählen.	*Kann erzählen, was auf dem Bild abgebildet ist, wie es entstand oder was das Besondere daran ist.*
6	Ich kann meinen Arbeitsplatz aufräumen.	*Kann verwendete Materialien nach der Benutzung reinigen und wegräumen.*

Stufenblatt Atelier / Stufe 4

Name: Jahr:

Nr.	Kompetenz	Einschätzung	Beweis
1	Ich kenne die Grundfarben und Mischfarben.		
2	Ich kann einen Materialdruck herstellen.		
3	Ich kann beim Konstruieren, Bauen und Formen eine eigene Idee umsetzen.		
4	Ich kann meine Arbeit den anderen Kindern vorstellen und erste Begründungen für die Materialwahl finden.		
5	Ich kenne einen Künstler und ein Kunstwerk.		

Dieses Stufenblatt wurde am erreicht.

Unterschrift Erzieher/in: Unterschrift Kind:

Kriterienblatt Atelier / Stufe 4

Nr.	Kompetenz	Kriterien
1	Ich kenne die Grundfarben und Mischfarben.	*Kann Farben benennen, kann selbstständig einfache Mischfarben anmischen.*
2	Ich kann einen Materialdruck herstellen.	*Kann geeignete Druckmaterialien auswählen, um damit einen Materialdruck herzustellen.*
3	Ich kann beim Konstruieren, Bauen und Formen eine eigene Idee umsetzen.	*Kann mithilfe von geeignetem Material, Werkzeug und geeigneten Arbeitstechniken ein Objekt nach eigenem Plan herstellen.*
4	Ich kann meine Arbeit den anderen Kindern vorstellen und erste Begründungen für die Materialwahl finden.	*Kann sein Bild / Objekt mündlich vorstellen, kann eigene gestalterische Entscheidungen begründen (Ich habe diese Farbe gewählt, weil ich...).*
5	Ich kenne einen Künstler und ein Kunstwerk.	*Weiß, was ein Künstler tut. Kann zu einem Künstler / zu seinen Kunstwerken etwas berichten.*

Stufenblatt Atelier / Stufe 5

Name: Jahr:

Nr.	Kompetenz	Einschätzung	Beweis
1	Ich kenne den Farbkreis.		
2	Ich kenne die Eigenschaften und die Wirkung von Farben.		
3	Ich beherrsche eine anspruchsvolle Drucktechnik.		
4	Ich kann grafische Ausdrucksmittel für meine Bildgestaltung einsetzen.		
5	Ich kann meine Arbeiten den anderen Kindern vorstellen und meine Technik zur Bildgestaltung begründen.		
6	Ich kenne verschiedene Künstler und kann über ein Kunstwerk berichten.		

Dieses Stufenblatt wurde am erreicht.

Unterschrift Erzieher/in: Unterschrift Kind:

Kriterienblatt Atelier / Stufe 5

Nr.	Kompetenz	Kriterien
1	Ich kenne den Farbkreis.	*Kann einen sechsteiligen Farbkreis mit unterschiedlichen Materialien herstellen, z.B. Farbkarten, farbigen Steinen oder farbiges Papier...*
2	Ich kenne die Eigenschaften und die Wirkung von Farben.	*Kann benennen, welche Wirkung Farben auf ihn haben. Kann diese Wirkung für eigene Bildgestaltung anwenden.*
3	Ich beherrsche eine anspruchsvolle Drucktechnik.	*Beherrscht mehrschrittige Drucktechniken wie Mehrfarbdruck oder Linolschnitt.*
4	Ich kann grafische Ausdrucksmittel für meine Bildgestaltung einsetzen.	*Kann gezielt Linien für die Bildgestaltung unterschiedlich einsetzen (z.B. hell-dunkel, dick-dünn).*
5	Ich kann meine Arbeiten den anderen Kindern vorstellen und meine Technik zur Bildgestaltung begründen.	*Kann die Ausdrucksfähigkeit der gewählten Technik erläutern und die gezielte Anwendung begründen.*
6	Ich kenne verschiedene Künstler und kann über ein Kunstwerk berichten.	*Kann einfache Lebensdaten zum Künstler und Charakteristika zu seiner Kunst benennen.*

Stufenblatt Körper, Bewegung, Gesundheit / Stufe 2

Name: Jahr:

Nr.	Kompetenz	Einschätzung	Beweis
1	Ich kann mit beiden Beinen zusammen springen.		
2	Ich kann Dreirad fahren.		
3	Ich kann im Wechselschritt Treppen hoch und runter gehen.		
4	Ich kann bei Bewegungsspielen Bewegungen nachmachen.		
5	Ich kann einen Ball über kurze Entfernung werfen und fangen.		
6	Ich kann balancieren.		
7	Ich kann gezielt pusten.		
8	Ich kann Wasser sicher in eine Tasse eingießen.		
9	Ich kann wichtige Körperteile benennen und zeigen.		
10	Ich weiß, was Junge und Mädchen unterscheidet.		

Dieses Stufenblatt wurde am erreicht.

Unterschrift Erzieher/in: Unterschrift Kind:

Kriterienblatt Körper, Bewegung, Gesundheit / Stufe 3

Nr.	Kompetenz	Kriterien
1	Ich kann mit beiden Beinen zusammen springen.	*Kann von einer flachen Erhöhung oder über ein niedriges Hindernis beidbeinig springen.*
2	Ich kann Dreirad fahren.	*Kann die Beinmuskulatur in einer zyklischen Bewegungsabfolge ansteuern.*
3	Ich kann im Wechselschritt Treppen hoch und runter gehen.	*Beherrscht Wechselschritt mit oder ohne Festhalten am Geländer.*
4	Ich kann bei Bewegungsspielen Bewegungen nachmachen.	*z.B. stampfen, schleichen...*
5	Ich kann einen Ball über kurze Entfernung werfen und fangen.	*Wirft und fängt großen, weichen Ball, wenn direkt zugeworfen.*
6	Ich kann balancieren.	*Auf einfachem, breiten Untergrund (mit Füßen nebeneinander).*
7	Ich kann gezielt pusten.	*Kann Watteball pusten, Kerze auspusten...*
8	Ich kann Wasser sicher in eine Tasse eingießen.	*Kann Entfernungen und Krafteinsatz einschätzen, kleckert nur wenig daneben.*
9	Ich kann wichtige Körperteile benennen und zeigen.	*Kann die Sinnesorgane benennen: Augen, Nase, Mund, Ohren, Hände.*
10	Ich weiß, was Junge und Mädchen unterscheidet.	*Kann Geschlechtsmerkmale benennen.*

Stufenblatt Körper, Bewegung, Gesundheit / Stufe 3

Name: Jahr:

Nr.	Kompetenz	Einschätzung	Beweis
1	Ich kann auf schmalen Rändern balancieren.		
2	Ich kann auf einem Bein stehend hüpfen.		
3	Ich kann alleine schaukeln.		
4	Ich kann mit zwei Fingern feine Gegenstände greifen.		
5	Ich kann sicher mit Messer und Gabel essen.		
6	Ich kann mich selbst an- und ausziehen.		
7	Ich kann gesunde und ungesunde Nahrungsmittel unterscheiden.		

Dieses Stufenblatt wurde am erreicht.

Unterschrift Erzieher/in: Unterschrift Kind:

Kriterienblatt Körper, Bewegung, Gesundheit / Stufe 2

Nr.	Kompetenz	Kriterien
1	Ich kann auf schmalen Rändern balancieren.	*Kann das Gleichgewicht auf einer minimierten Standfläche halten und dabei kleine Schritte machen.*
2	Ich kann auf einem Bein stehend hüpfen.	*Kann das Gleichgewicht auch in der Bewegung halten, z. B.: Fünf Sekunden auf einem Bein stehen, fünfmal hintereinander hüpfen ohne das Gleichgewicht zu verlieren.*
3	Ich kann alleine schaukeln.	*Kann alleine mit den Beinen Schwung holen und das Körpergewicht nach vorne und hinten verlagern.*
4	Ich kann mit zwei Fingern feine Gegenstände greifen.	*Kann mit dem Zeigefinder, Mittelfinger und Daumen ein Halte- oder Greifwerkzeug bilden, z.B. den Pinzettengriff, etwa bei Stifthaltung.*
5	Ich kann sicher mit Messer und Gabel essen.	*Kann mit dem Messer schneiden, streichen oder Essen auf die Gabel schieben oder mit dieser Geschnittenes aufspießen.*
6	Ich kann mich selbst an- und ausziehen.	*Kann selbst erkennen, wo bei Kleidungsstücken oben und unten ist und über welche Körperteile diese gezogen werden.*
7	Ich kann gesunde und ungesunde Nahrungsmittel unterscheiden.	*Kennt Oberbegriffe: Obst, Gemüse, Süßigkeiten.* *Kann Früchte von Süßigkeiten unterscheiden.*

Stufenblatt Körper, Bewegung, Gesundheit / Stufe 4

Name: Jahr:

Nr.	Kompetenz	Einschätzung	Beweis
1	Ich kann einen Ball fangen und gezielt werfen.		
2	Ich kann mich in Geschicklichkeit üben.		
3	Ich kann eine Schleife binden.		
4	Ich kann Fahrrad fahren.		
5	Ich kann sicher klettern.		
6	Ich kann eine einfache Turnübung durchführen.		
7	Ich kann gesunde Speisen nach einfachen Rezepten herstellen.		
8	Ich kenne die wichtigsten Körperteile und weiß, was ihre Funktion ist.		
9	Ich kann sagen, was meinem Körper gut tut und was ihm nicht so gut tut.		
10	Ich kann mich im Raum orientieren.		

Dieses Stufenblatt wurde am erreicht.

Unterschrift Erzieher/in: Unterschrift Kind:

Kriterienblatt Körper, Bewegung, Gesundheit / Stufe 4

Nr.	Kompetenz	Kriterien
1	Ich kann einen Ball fangen und gezielt werfen.	*Kann Entfernungen und Krafteinsatz einschätzen, um einen Ball sicher zu einem Ziel zu werfen.*
2	Ich kann mich in Geschicklichkeit üben.	*Kann z.B. mit verschiedenen Körperteilen gleichzeitig unterschiedliche Bewegungen ausführen, etwa bei Überkreuzungsübungen.*
3	Ich kann eine Schleife binden.	
4	Ich kann Fahrrad fahren.	*Kann das Gleichgewicht in der Fortbewegung halten und gleichmäßig in die Pedalen treten und lenken (mit Stützrädern oder ohne).*
5	Ich kann sicher klettern.	*Kann sich aus eigener Muskelkraft hinaufziehen und festhalten, Hände, Arme und Beine gezielt platzieren und Entfernungen einschätzen.*
6	Ich kann eine Turnübung mit Hilfestellung durchführen.	*Rolle vorwärts: Kann das Kinn auf die Brust legen, den Rücken runden und sich mit den Beinen von der Matte vorwärts abdrücken.*
7	Ich kann gesunde Speisen nach einfachen Rezepten herstellen.	*Kann sich merken, welche Zutaten zusammen passen, z.B. für Salate oder Quarkspeisen. Beherrscht einfache Küchentechniken (Verrühren, Mengen abmessen etc.).*
8	Ich kenne die wichtigsten Körperteile und weiß, was ihre Funktion ist.	*Kann die Lage von Körperteilen benennen und erklären, wozu sie da sind z.B.: Skelett, Muskeln, Gehirn, Herz, Adern, Lunge, Magen, Darm...*
9	Ich kann sagen, was meinem Körper gut tut und was nicht.	*Kann benennen was dem Körper gut tut, z.B. Bewegung, gesunde Ernährung, oder nicht gut tut, z.B. zuviel Süßigkeiten etc.*
10	Ich kann mich im Raum orientieren.	*Kann sich nach vorne, hinten, links, rechts, oben und unten bewegen.*

Stufenblatt Sprache / Stufe 4

Name: Jahr:

Nr.	Kompetenz	Einschätzung	Beweis
1	Ich kann mit Worten Gefühle ausdrücken.		
2	Ich sage beim Spielen, was ich gerade tue.		
3	Ich mache Sprachquatsch.		
4	Ich kann zuhören, wenn jemand vorliest.		
5	Ich kann einer mehr-schrittigen Aufforderung folgen.		

Dieses Stufenblatt wurde am erreicht.

Unterschrift Erzieher/in: Unterschrift Kind:

Kriterienblatt Sprache / Stufe 4

Nr.	Kompetenz	Kriterien
1	Ich kann mit Worten Gefühle ausdrücken.	*z.B. Ich habe Hunger! Ich bin traurig.*
2	Ich sage beim Spielen, was ich gerade tue.	*Das Kind erklärt, was es gerade spielt, z.B. „Meine Puppe ist krank." „Jetzt gehen wir spazieren."*
3	Ich mache Sprachquatsch.	*Das Kind erfindet Nonsensreime, z. B. „Auto-popauto"...*
4	Ich kann zuhören, wenn jemand vorliest.	*Das Kind fragt nach und macht dadurch deutlich, dass es die Handlung verstanden hat.*
5	Ich kann einer mehrschrittigen Aufforderung folgen.	*z.B.: „Füttere die Puppe und lege sie anschließend ins Bett."*

Stufenblatt Sprache / Stufe 5

Name: Jahr:

Nr.	Kompetenz	Einschätzung	Beweis
1	Ich kann über mich berichten.		
2	Ich kann vor anderen Kindern sprechen.		
3	Ich kann in einem Gesprächskreis anderen Kindern und der Erzieherin zuhören.		
4	Ich verstehe kurze und einfache Geschichten.		
5	Ich kann unterscheiden zwischen dem, was ich selbst erlebt habe und was in Büchern oder im Fernsehen erzählt wird.		
6	Ich verstehe Piktogramme.		

Dieses Stufenblatt wurde am erreicht.

Unterschrift Erzieher/in: Unterschrift Kind:

Kriterienblatt Sprache / Stufe 5

Nr.	Kompetenz	Kriterien
1	Ich kann über mich berichten.	*Kann den eigenen Namen und eigenes Alter nennen und etwas über das eigene Zuhause erzählen.*
2	Ich kann vor anderen Kindern sprechen.	*Kann vor anderen Kindern etwas berichten, wenn wir zusammen sitzen.*
3	Ich kann in einem Gesprächskreis anderen Kindern und der Erzieherin zuhören.	*Kann das Gesagte des Anderen verstehen und darauf Bezug nehmen.*
4	Ich verstehe kurze und einfache Geschichten.	*Kann bei Wiederholung der Geschichte durch die Erzieherin an bestimmten Stellen ergänzen und weiter erzählen.*
5	Ich kann unterscheiden zwischen dem, was ich selbst erlebt habe und was in Büchern oder im Fernsehen erzählt wird.	*Weiß sicher, dass Fernsehsendungen, Märchen etc. keine „echten", sondern erfundene Geschichten erzählen.*
6	Ich verstehe Piktogramme.	*Verbindet eine Aufforderung mit einem einfachen Piktogramm im Kindergarten.*

Stufenblatt Sprache / Stufe 6

Name: Jahr:

Nr.	Kompetenz	Einschätzung	Beweis
1	Ich kann nachspielen und darüber berichten, was ich aus Büchern oder dem Fernsehen weiß.		
2	Ich kann in der richtigen Reihenfolge über eine Geschichte oder Erlebtes berichten.		
3	Ich kann Reime erfinden.		
4	Ich kenne ein Gedicht.		
5	Ich kann geheime Schrift erfinden.		
6	Ich erkenne meinen Namen an der Buchstabenreihenfolge.		
7	Ich kann einzelne Buchstaben zeichnen und wiedererkennen.		

Dieses Stufenblatt wurde am erreicht.

Unterschrift Erzieher/in: Unterschrift Kind:

Kriterienblatt Sprache / Stufe 6

Nr.	Kompetenz	Kriterien
1	Ich kann nachspielen und darüber berichten, was ich aus Büchern oder dem Fernsehen weiß.	*Kann längere vertraute Handlungsabläufe in eigenes Spiel umsetzen, kann zu bekannten Figuren eigene Handlungsstränge erfinden („Jetzt käme Rotkäppchen in die Schule“).*
2	Ich kann in der richtigen Reihenfolge über eine Geschichte oder Erlebtes berichten.	*Erzählt eine gut bekannte Geschichte, ohne wesentliche Handlungsstränge zu vergessen.*
3	Ich kann Reime erfinden.	*Findet Reimworte zu einfachen Wörtern („Was reimt sich auf Hut?“).*
4	Ich kenne ein Gedicht.	*Kann ein mindestens vierzeiliges Gedicht aufsagen.*
5	Ich kann geheime Schrift erfinden.	*„Schreibt“ Briefe durch Aneinanderreihung von buchstabenähnlichen Zeichen, schreibt diesen Zeichen Sinn zu.*
6	Ich erkenne meinen Namen an der Buchstabenreihenfolge.	*Erkennt eigenen Namen in Großbuchstaben auch zwischen anderen Wörtern.*
7	Ich kann einzelne Buchstaben zeichnen und wiedererkennen.	*Kann mindestens fünf Buchstaben erkennen.*

Stufenblatt Sprache / Stufe 7

Name: Jahr:

Nr.	Kompetenz	Einschätzung	Beweis
1	Ich kann ausdrücken, was ich denke.		
2	Ich kann beim Sprechen meine Stimme variieren.		
3	Ich kenne verschiedene Textformen und kann den Unterschied erklären.		
4	Ich erkenne den Namen anderer Kinder an der Buchstabenreihenfolge.		
5	Ich kann meinen Namen schreiben.		
6	Ich kann den Laut erkennen, mit dem ein Wort anfängt.		
7	Ich kann verschiedene Zeichensysteme (Noten, Zahlen) unterscheiden.		

Dieses Stufenblatt wurde am erreicht.

Unterschrift Erzieher/in: Unterschrift Kind:

Kriterienblatt Sprache / Stufe 7

Nr.	Kompetenz	Kriterien
1	Ich kann ausdrücken, was ich denke.	*Kann Gefühle, Wünsche, Ideen verständlich mitteilen.*
2	Ich kann beim Sprechen meine Stimme variieren.	*Kann im Rollenspiel entsprechend der Rolle Stimme verändern.*
3	Ich kenne verschiedene Textformen und kann den Unterschied erklären.	*Kennt Märchen, Zeitungsartikel, Briefe etc.: Was ist anders?*
4	Ich erkenne den Namen anderer Kinder an der Buchstabenreihenfolge.	*Kann auf z.B. einer Liste mehrere Namen anderer Kinder (in Großbuchstaben) erkennen.*
5	Ich kann meinen Namen schreiben.	*Verwendet (fast) alle der nötigen Buchstaben, Reihenfolge annähernd richtig.*
6	Ich kann den Laut erkennen, mit dem ein Wort anfängt.	*Kann mehrere Wörter, die z.B. mit A beginnen, nennen und wiedererkennen („Auto fängt mit A an!“).*
7	Ich kann verschiedene Zeichensysteme (Noten, Zahlen) unterscheiden.	*Weiß, dass Noten Tonhöhen und Ziffern Anzahlen wiedergeben.*

Stufenblatt Musik / Stufe 3

Name: Jahr:

Nr.	Kompetenz	Einschätzung	Beweis
1	Ich weiß, was laut und leise / schnell und langsam / hoch und tief in der Musik heißt.		
2	Ich kenne Wege, um geeignete Alltagsgegenstände als Musikinstrument zu verwenden.		
3	Ich kenne einige Lieder und kann sie singen.		
4	Ich kann einfache Rhythmen halten.		
5	Ich kann gemeinsam mit Anderen nach festgelegten Abläufen singen oder tanzen.		
6	Ich kenne einige der wichtigsten Instrumente unseres Kulturkreises.		

Dieses Stufenblatt wurde am erreicht.

Unterschrift Erzieher/in: Unterschrift Kind:

Kriterienblatt Musik / Stufe 3

Nr.	Kompetenz	Kriterien
1	Ich weiß, was laut und leise / schnell und langsam / hoch und tief in der Musik heißt.	*Kann Eigenschaften beim Hören von Musik benennen.*
2	Ich kenne Wege, um geeignete Alltagsgegenstände als Musikinstrument zu verwenden.	*Kann durch Blasen in Rohre, durch Trommeln auf Hohlkörper oder andere Weise Klänge oder Rhythmen erzeugen.*
3	Ich kenne einige Lieder und kann sie singen.	*Kennt mindestens fünf Lieder, die es mit Unterstützung singen kann. Kann einfache Melodien wiedergeben.*
4	Ich kann einfache Rhythmen halten.	*Kann einen Takt schlagen.*
5	Ich kann gemeinsam mit Anderen nach festgelegten Abläufen singen oder tanzen.	*Kann gemeinsam gefundene Regeln bei Tanzspielen umsetzen.*
6	Ich kenne einige der wichtigsten Instrumente unseres Kulturkreises.	*Kann Gitarre, Klavier, Posaune, Geige etc. benennen, weiß ungefähr, wie man mit diesen Klang erzeugen kann.*

Stufenblatt Musik / Stufe 4

Name: Jahr:

Nr.	Kompetenz	Einschätzung	Beweis
1	Ich kann mit Anderen zusammen singen.		
2	Ich kann einfache Rhythmen in der Gruppe wiedergeben.		
3	Ich kann Klang- und Geräuschquellen zuordnen und kenne unterschiedliche Musikstile.		
4	Ich kann über gehörte Musik sprechen.		
5	Ich kann Musik durch ein Bild ausdrücken.		
6	Ich kann mich zur Musik tänzerisch bewegen.		

Dieses Stufenblatt wurde am erreicht.

Unterschrift Erzieher/in: Unterschrift Kind:

Kriterienblatt Musik / Stufe 4

Nr.	Kompetenz	Kriterien
1	Ich kann mit Anderen zusammen singen.	*Kann sich beim gemeinsamen Singen auf Tonhöhe und Geschwindigkeit der anderen einstellen.*
2	Ich kann einfache Rhythmen in der Gruppe wiedergeben.	*Kann Wörter rhythmisch in Silben zerlegen. Kann einfache Rhythmen mit dem Körper (Hände, Füße) spielen und Lieder mit vorgegebenen, einfachen Rhythmen begleiten.*
3	Ich kann Klang- und Geräuschquellen zuordnen und kenne unterschiedliche Musikstile.	*Nimmt unterschiedliche Stimmen, Instrumente, Geräusche und die Wirkung von Stille wahr. Hört den Unterschied zwischen klassischer und Unterhaltungsmusik.*
4	Ich kann über gehörte Musik sprechen.	*Kann nach dem Anhören von Musikstücken über eigene Empfindungen dazu in der Gruppe sprechen.*
5	Ich kann Musik durch ein Bild ausdrücken.	*Kann Musik-Erlebnisse direkt beim Hören oder danach in eine passende Bildgestaltung umsetzen.*
6	Ich kann mich zur Musik tänzerisch bewegen.	*Kann sich an einfachen Tanz- und Bewegungsspielen beteiligen.*

Stufenblatt Musik / Stufe 5

Name: Jahr:

Nr.	Kompetenz	Einschätzung	Beweis
1	Ich beteilige mich beim Singen in der Gruppe.		
2	Ich kann einfache Rhythmen spielen und selbst erfinden.		
3	Ich kann mit verschiedenen Instrumenten umgehen.		
4	Ich kann Klänge und Klangeigenschaften unterscheiden.		
5	Ich kann Tänze in der Gruppe erarbeiten.		
6	Ich kann Klänge zu einer Geschichte erfinden.		
7	Ich kann Musik in Bild und Zeichen übersetzen.		

Dieses Stufenblatt wurde am erreicht.

Unterschrift Erzieher/in: Unterschrift Kind:

Kriterienblatt Musik / Stufe 5

Nr.	Kompetenz	Kriterien
1	Ich beteilige mich beim Singen in der Gruppe.	*Kennt Kinderlieder, Lieder anderer Kulturkreise und Jahreszeitenlieder, achtet beim gemeinsamen Singen auf die Lautstärke und hört auf die anderen Sänger.*
2	Ich kann einfache Rhythmen spielen und selbst erfinden.	*Kann den Grundschlag halten und einfache Rhythmen in der Gruppe mit Körper- und Orffinstrumenten erarbeiten.*
3	Ich kann mit verschiedenen Instrumenten umgehen.	*Kann einige Rhythmus- und Melodieinstrumente benennen und diese zum einfachen Spiel einsetzen und ausprobieren.*
4	Ich kann Klänge und Klangeigenschaften unterscheiden.	*Kann unterschiedliche Klänge (z.B. blechern, hölzern, rauschend etc.) unterscheiden und benennen.*
5	Ich kann Tänze in der Gruppe erarbeiten.	*Kann nach Vorgabe in der Gruppe tanzen, kann freie Bewegungen zur Musik ausführen.*
6	Ich kann Klänge zu einer Geschichte erfinden.	*Kann zu Situationen, Gefühlsäußerungen oder Spannungsverläufen in einer Geschichte passende Klänge auswählen.*
7	Ich kann Musik in Bild und Zeichen übersetzen.	*Kann in der Gruppe eine symbolhafte Darstellung eines Klangverlaufs entwickeln, um nach dieser Partitur ein Musikstück vorführen zu können.*

Stufenblatt Gesellschaft / Stufe 1

Name: Jahr:

Nr.	Kompetenz	Einschätzung	Beweis
1	Ich weiß, aus welchen Tagen die Woche besteht.		
2	Ich verstehe, dass ich älter werde.		
3	Ich kann mich in der unmittelbaren Umgebung des Kindergartens orientieren.		
4	Ich kenne Familien und Wohnorte einiger anderer Kinder.		
5	Ich weiß, was man tut, wenn man verloren geht.		
6	Ich kann wichtige Feste feiern.		
7	Ich weiß, dass in fremden Ländern anders gesprochen wird und andere Gebräuche herrschen können.		
8	Ich weiß etwas über richtiges Verhalten im Straßenverkehr.		

Dieses Stufenblatt wurde am erreicht.

Unterschrift Erzieher/in: Unterschrift Kind:

Kriterienblatt Gesellschaft / Stufe 1

Nr.	Kompetenz	Kriterien
1	Ich weiß, aus welchen Tagen die Woche besteht.	*Kann die Wochentage in ungefähr richtiger Reihenfolge benennen.*
2	Ich verstehe, dass ich älter werde.	*Weiß, dass es früher ein Baby war.*
3	Ich kann mich in der unmittelbaren Umgebung des Kindergartens orientieren.	*Kann Orte im Umfeld des Kindergartens benennen.*
4	Ich kenne Familien und Wohnorte einiger anderer Kinder.	*Weiß, auf welchem Weg man zu befreundeten Kindern gelangt. Kennt Unterschiede in der Familienzusammensetzung bei anderen Kindern.*
5	Ich weiß, was man tut, wenn man verloren geht.	*Weiß, wie man Hilfe holen kann.*
6	Ich kann wichtige Feste feiern.	*Weiß, welche typischen Rituale es zu bestimmten Festen in unserem Kulturkreis gibt (Ostereier, Geburtstagskuchen etc.).*
7	Ich weiß, dass in fremden Ländern anders gesprochen wird und andere Gebräuche herrschen können.	*Weiß mindestens ein Beispiel über ein Fest / Ritual aus einem anderen Kulturkreis (z.B. eines Kindes aus der Gruppe).*
8	Ich weiß etwas über richtiges Verhalten im Straßenverkehr.	*Kann benennen, wie man sich an Ampel und Fußgängerüberweg richtig verhält.*

Stufenblatt Gesellschaft / Stufe 2

Name: Jahr:

Nr.	Kompetenz	Einschätzung	Beweis
1	Ich weiß, was Monate sind.		
2	Ich weiß, was älter werden bedeutet.		
3	Ich kenne wichtige Einrichtungen im Umkreis des Kindergartens.		
4	Ich weiß, was „regieren" bedeutet.		
5	Ich kenne wichtige Gebräuche der eigenen Kultur.		
6	Ich weiß, dass manche Menschen an Gott glauben.		
7	Ich kenne Wörter in fremden Sprachen.		
8	Ich kann mit anderen sicher Bahn und Bus benutzen.		

Dieses Stufenblatt wurde am erreicht.

Unterschrift Erzieher/in: Unterschrift Kind:

Kriterienblatt Gesellschaft / Stufe 2

Nr.	Kompetenz	Kriterien
1	Ich weiß, was Monate sind.	*Kennt einige Monatsnamen, kann diese ungefähr zu Jahreszeiten zuordnen.*
2	Ich weiß, was älter werden bedeutet.	*Weiß, dass alte Leute früher Kinder waren; weiß, dass es selbst erwachsen und alt werden kann.*
3	Ich kenne wichtige Einrichtungen im Umkreis des Kindergartens.	*Kennt wichtige Institutionen im Umfeld wie Geschäfte, Arztpraxen, Polizei, Feuerwehr.*
4	Ich weiß, was „regieren" bedeutet.	*Kann Begriffe wie „Bestimmer", „Rechte für alle" in Bezug auf den Kindergarten erläutern und auf unsere Gesellschaft anwenden.*
5	Ich kenne wichtige Gebräuche der eigenen Kultur.	*Kann wichtige Feste des eigenen Kulturkreises benennen und erläutern, wie und was da gefeiert wird.*
6	Ich weiß, dass manche Menschen an Gott glauben.	*Weiß, was Kirchen und Gebete sind.*
7	Ich kenne Wörter in fremden Sprachen.	*Kann wichtige Begriffe wie „Guten Morgen" o.ä. in drei anderen Sprachen.*
8	Ich kann mit anderen sicher Bahn und Bus benutzen.	*Kann Grundsätze richtigen Verhaltens in Bus und Bahn benennen und einhalten.*

Stufenblatt Gesellschaft / Stufe 3

Name: Jahr:

Nr.	Kompetenz	Einschätzung	Beweis
1	Ich verstehe die Zeiteinteilung in Jahre.		
2	Ich verstehe, was Vergangenheit und Zukunft bedeuten.		
3	Ich weiß, welche Lebensalter Menschen von der Geburt bis zum Alter durchleben.		
4	Ich kann meinen Wohnort benennen.		
5	Ich weiß, was Geld ist und was damit passiert.		
6	Ich weiß, dass Kinder Rechte haben.		
7	Ich weiß, dass Menschen in anderen Erdteilen in unterschiedlicher Weise leben.		
8	Ich kenne wichtige Länder in Europa und andere Erdteile.		
9	Ich weiß, dass Menschen an unterschiedliche Götter glauben.		
10	Ich kenne wichtige Verkehrsschilder.		
11	Ich weiß, wie ich mich im Straßenverkehr richtig verhalte.		

Dieses Stufenblatt wurde am erreicht.

Unterschrift Erzieher/in: Unterschrift Kind:

Kriterienblatt Gesellschaft / Stufe 3

Nr.	Kompetenz	Kriterien
1	Ich verstehe die Zeiteinteilung in Jahre.	*Weiß, dass sich in jedem Jahr Jahreszeiten, Monate, Geburtstage wiederholen.*
2	Ich verstehe, was Vergangenheit und Zukunft bedeuten.	*Hat eine grobe Orientierung über abgeschlossene Vergangenheit („Opa kannte keine Saurier“).*
3	Ich weiß, welche Lebensalter Menschen von der Geburt bis zum Alter durchleben.	*Kann Lebensalter benennen und z.B. anhand von Abbildungen zuordnen.*
4	Ich kann meinen Wohnort benennen.	*Kann die eigene Stadt und den Straßennamen benennen.*
5	Ich weiß, was Geld ist und was damit passiert.	*Kann erklären, wie und warum beim Kaufen Geld gegen Waren getauscht wird.*
6	Ich weiß, dass Kinder Rechte haben.	*Weiß: Kinder haben ein Recht auf Essen, Kleidung, Bildung.*
7	Ich weiß, dass Menschen in anderen Erdteilen in unterschiedlicher Weise leben.	*Kann Beispiele für von unserer abweichenden Lebensweisen anderswo benennen.*
8	Ich kenne wichtige Länder in Europa und andere Erdteile.	*Kann sie auf der Weltkarte zeigen.*
9	Ich weiß, dass Menschen an unterschiedliche Götter glauben.	*Kennt ein Gotteshaus von Christen und von einer anderen Religion.*
10	Ich kenne wichtige Verkehrsschilder.	*Schilder kennen, die für Fußgänger wichtig sind.*
11	Ich weiß, wie ich mich im Straßenverkehr richtig verhalte.	

Stufenblatt Universum / Stufe 2

Name: Jahr:

Nr.	Kompetenz	Einschätzung	Beweis
1	Ich kann aus Pflanzen etwas Essbares herstellen.		
2	Ich kenne den natürlichen Lebensraum einiger Tiere.		
3	Ich weiß, was Strom ist.		

Dieses Stufenblatt wurde am erreicht.

Unterschrift Erzieher/in: Unterschrift Kind:

Kriterienblatt Universum / Stufe 2

Nr.	Kompetenz	Kriterien
1	Ich kann aus Pflanzen etwas Essbares herstellen.	*Kann gesammelte Pflanzen zum Verzehr aufbereiten. Weiß etwas darüber zu erzählen, wie Lebensmittel aus Pflanzen gewonnen werden.*
2	Ich kenne den natürlichen Lebensraum einiger Tiere.	*Kann von mehreren Tierarten etwas über Lebensraum und Ernährungsweise benennen.*
3	Ich weiß, was Strom ist.	*Kann Geräte benennen, die mit Strom funktionieren. Weiß, dass Strom gefährlich sein kann.*

Stufenblatt Universum / Stufe 3

Name: Jahr:

Nr.	Kompetenz	Einschätzung	Beweis
1	Ich kann Beobachtungen in einer Zeichnung dokumentieren.		
2	Ich kann mikroskopieren, um Dinge genau anzuschauen.		
3	Ich kenne einige Flüsse, Städte, Meere, Berge mit Namen.		
4	Ich kann erklären, was sich im Wandel der Jahreszeiten verändert.		
5	Ich habe Experimente mit Licht, Strom und Magnetismus durchgeführt.		
6	Ich kann erklären, was Pflanzen brauchen, um gut zu wachsen.		

Dieses Stufenblatt wurde am erreicht.

Unterschrift Erzieher/in: Unterschrift Kind:

Kriterienblatt Universum / Stufe 3

Nr.	Kompetenz	Kriterien
1	Ich kann Beobachtungen in einer Zeichnung dokumentieren.	*Kann ein einfaches Experiment oder andere Abläufe in einer oder mehreren Zeichnungen erfassen.*
2	Ich kann mikroskopieren, um Dinge genau anzuschauen.	*Kann mit Mikroskop und Lupe sachgerecht umgehen.*
3	Ich kenne einige Flüsse, Städte, Meere, Berge mit Namen.	*Weiß mindestens drei solcher Bezeichnungen.*
4	Ich kann erklären, was sich im Wandel der Jahreszeiten verändert.	*Hat auch über die nicht aktuelle Jahreszeit Wissen.*
5	Ich habe Experimente mit Licht, Strom und Magnetismus durchgeführt.	*Kann bewusst experimentelle Aufgabenstellungen entwickeln, kann über Beobachtungen sprechen und mutmaßen.*
6	Ich kann erklären, was Pflanzen brauchen, um gut zu wachsen.	*Weiß, dass Wasser und Licht benötigt werden. Weiß, welche Bedeutung ein Samen hat und wo er herkommt.*

Stufenblatt Mathematik / Stufe 2

Name: Jahr:

Nr.	Kompetenz	Einschätzung	Beweis
1	Ich beherrsche die Lagewörter „unter“, „über“, „in“, „auf“, „neben“, „hinter“ und „vor“.		
2	Ich kenne die Zahlen von 1 bis 5.		
3	Ich verstehe die Begriffe „viele“, „einige“ und „wenige“.		
4	Ich erkenne Übereinstimmungen / Ähnlichkeiten in Bezug auf Längen.		
5	Ich erkenne Übereinstimmungen / Ähnlichkeiten in Bezug auf die Größe von Dingen.		
6	Ich verstehe die Zahlenbegriffe 1, 2, 3.		
7	Ich kann einfache Puzzles legen.		

Dieses Stufenblatt wurde am erreicht.

Unterschrift Erzieher/in: Unterschrift Kind:

Kriterienblatt Mathematik / Stufe 2

Nr.	Kompetenz	Kriterien
1	Ich beherrsche die Lagewörter „unter", „über", „in", „auf", „neben", „hinter" und „vor".	*Kann der Aufforderung „Gehe neben/ hinter..." folgen.*
2	Ich kenne die Zahlen von 1 bis 5.	*Kann ohne Hilfe bis 5 zählen, ohne unbedingt schon die Menge 5 zu erfassen...*
3	Ich verstehe die Begriffe „viele", „einige" und „wenige".	*Kann der Aufforderung „Hol mir viele/einige Bausteine" folgen.*
4	Ich erkenne Übereinstimmungen / Ähnlichkeiten in Bezug auf Längen.	*Kann erkennen, was gleich lang, länger oder kürzer ist.*
5	Ich erkenne Übereinstimmungen / Ähnlichkeiten in Bezug auf die Größe von Dingen.	*Kann Ähnlichkeiten in Bezug auf die Größe von Dingen („Gib mir Klötze, die gleich groß sind") richtig benennen.*
6	Ich verstehe die Zahlenbegriffe 1, 2, 3.	*Kann der Aufforderung „Gib mir drei Dinge!" folgen.*
7	Ich kann einfache Puzzles legen.	*Kann ein Puzzle mit mind. acht Teilen legen.*

Stufenblatt Mathematik / Stufe 3

Name: Jahr:

Nr.	Kompetenz	Einschätzung	Beweis
1	Ich kenne und erkenne die geometrischen Grundformen.		
2	Ich kann Dinge nach Farben, Formen, Größen ordnen.		
3	Ich kenne die Zahlenreihe von 1 bis 12.		
4	Ich kann Mengen mit den Fingern abzählen.		
5	Ich kann Begriffe hoch, niedrig, kurz, lang, schwer und leicht anwenden, um Relationen zu beschreiben.		

Dieses Stufenblatt wurde am erreicht.

Unterschrift Erzieher/in: Unterschrift Kind:

Kriterienblatt Mathematik / Stufe 3

Nr.	Kompetenz	Kriterien
1	Ich kenne und erkenne die geometrischen Grundformen.	*Kann benennen, was ein Kreis, Dreieck oder Viereck ist.*
2	Ich kann Dinge nach Farben, Formen, Größen ordnen.	*Kann eine Auswahl an Gegenständen nach selbst gefundenen Kriterien ordnen, z.B. Farbe, Größe, Form.*
3	Ich kenne die Zahlenreihe von 1 bis 12.	*Kann Namen der Zahlen nennen, kann bis zur gewünschten Anzahl zählen: Stelle fünf Gläser auf den Tisch!*
4	Ich kann Mengen mit den Fingern abzählen.	*Kann auf zu zählende Objekte zeigen und mit Fingern abzählen.*
5	Ich kann Begriffe hoch, niedrig, kurz, lang, schwer und leicht anwenden, um Relationen zu beschreiben.	*Kann entsprechende Relationen bei unterschiedlichen Gegenständen sicher benennen: Das hier ist schwerer!*

Stufenblatt Mathematik / Stufe 4

Name: Jahr:

Nr.	Kompetenz	Einschätzung	Beweis
1	Ich kann Anzahlen von 1 bis 10 erfassen.		
2	Ich kann Mengen bis 10 der Ziffernschreibweise zuordnen.		
3	Ich kann die Zahlenwortreihe bis 10 vorwärts und rückwärts aufsagen.		
4	Ich kann die Ziffern bis 10 schreiben.		
5	Ich kenne die Begriffe „die Hälfte“ und „das Doppelte“.		
6	Ich kenne Lagewörter und kann sie anwenden.		
7	Ich kann Formen und Muster erkennen, darstellen und fortsetzen.		
8	Ich kenne Begriffe für zeitliche Relationen.		

Dieses Stufenblatt wurde am erreicht.

Unterschrift Erzieher/in: Unterschrift Kind:

Kriterienblatt Mathematik / Stufe 4

Nr.	Kompetenz	Kriterien
1	Ich kann Anzahlen von 1 bis 10 erfassen.	*Kann Mengen bis 10 zählen. Versteht den Zusammenhang zwischen Zahl und Anzahl (z.B. Hole mir bitte 7 Äpfel!).*
2	Ich kann Mengen bis 10 der Ziffernschreibweise zuordnen.	*Versteht den Zusammenhang zwischen Ziffer und Zahl, kann das Zahlenbild mit der richtigen Anzahl kombinieren.*
3	Ich kann die Zahlenwortreihe bis 10 vorwärts und rückwärts aufsagen.	*Kann ohne Hilfe vorwärts und rückwärts sicher bis 10 zählen.*
4	Ich kann die Ziffern bis 10 schreiben.	*Kann die Ziffern in der richtigen Schreibrichtung schreiben.*
5	Ich kenne die Begriffe „die Hälfte“ und „das Doppelte“.	
6	Ich kenne Lagewörter und kann sie anwenden.	*Kann die Begriffe „vorn“, „hinten“, „oben“, „unten“, „neben“, „in“ und „auf“ mit Hilfe von Gegenständen zeigen. Kann sich im Raum orientieren und diesen beschreiben.*
7	Ich kann Formen und Muster erkennen, darstellen und fortsetzen.	*Kann ein begonnenes Muster fortsetzen sowie eigene Muster legen.*
8	Ich kenne Begriffe für zeitliche Relationen.	*Kann die Begriffe „gestern“, „morgen“, „früher“ und „später“ richtig verwenden.*

Stufenblatt Soziale Entwicklung / Stufe 2

Name: Jahr:

Nr.	Kompetenz	Einschätzung	Beweis
1	Ich traue mich, Nein zu sagen.		
2	Ich kann berichten, wie ich mich fühle.		
3	Ich kann mich um Freunde kümmern.		
4	Ich kann Anderen helfen.		
5	Ich hänge meine Kleidung auf.		
6	Ich helfe beim Aufräumen.		
7	Ich gehe mit unseren Sachen vorsichtig um.		
8	Ich folge aufgestellten Regeln.		
9	Ich kann zuhören, wenn Andere erzählen.		
10	Ich bin freundlich zu anderen Kindern.		
11	Ich kann mit Anderen teilen.		
12	Ich kann warten, bis ich dran bin.		
13	Ich kann Spielregeln einhalten und auch mal verlieren.		

Dieses Stufenblatt wurde am erreicht.

Unterschrift Erzieher/in: Unterschrift Kind:

Stufenblatt Soziale Entwicklung / Stufe 3

Name: Jahr:

Nr.	Kompetenz	Einschätzung	Beweis
1	Ich traue mich, meine Meinung zu sagen.		
2	Ich kann meine Gefühle kontrollieren.		
3	Ich kann mich um Freunde kümmern und ihnen helfen.		
4	Ich störe andere nicht bei ihrer Tätigkeit.		
5	Ich arbeite selbstständig und beende angefangene Arbeiten.		
6	Ich gehe mit unseren Sachen vorsichtig um.		
7	Ich folge aufgestellten Regeln.		
8	Ich bin ehrlich und stehe zu dem, was ich gemacht habe.		
9	Ich kann Anderen zuhören, ohne sie zu unterbrechen.		
10	Ich bin ein/e gute/r, verlässliche/r Freund/in.		
11	Ich kann warten, bis ich dran bin.		
12	Ich kann Konflikte mit Worten lösen.		

Dieses Stufenblatt wurde am erreicht.

Unterschrift Erzieher/in: Unterschrift Kind:

Formular: Näher beobachten!

Kind	Stufenliste	Kompetenz	Datum / Situation der Beobachtung	Einschätzung

Formular: Stufen auswerten

Tabelle A: Ergebnisse Stufenauswertung

Stufenauswertung

Gruppe: Datum:

Stufe	Bildungs-bereich: Atelier	Bildungs-bereich: Universum	Bildungs-bereich: Bewegung	Bildungs-bereich: Musik	Bildungs-bereich: Mathematik	Bildungs-bereich: Gesellschaft	Sprach-entwicklung	Mittelwert Spalte 1-8
4								
3								
2								
1								
Durch-schnitts-wert:								

Tabelle B: Gesamtübersicht Kindergarten

Stufenauswertung

Erfasster Bereich: Datum:

Stufe	Gruppe	Gruppe	Gruppe	Gruppe	Gruppe	Mittelwert
4						
3						
2						
1						
Durchschnitts-wert:						

Formular: Stufen auswerten

Tabelle C: Entwicklung der Gruppe in Bezug auf die Mittelwerte

Stufenauswertung

Gruppe: Erfasster Bereich: Datum:

Stufe	Nach 1 Halbjahr	Nach 1 Jahr	Nach 1,5 Jahren	Nach 2 Jahren	Nach 2,5 Jahren	Nach 3 Jahren
4						
3						
2						
1						
Durchschnitts-wert:						

Formular: Materialplanung

Ziel / Gruppe	Benötigtes Material	Termin

Formular: Ziel-Karten

Bereich: ______________________	Stufe	Nr.	Erreicht?
Ich ... Gruppenziel: ______________ Ziel für: ______________			

Bereich: ______________________	Stufe	Nr.	Erreicht?
Ich ... Gruppenziel: ______________ Ziel für: ______________			

Bereich: ______________________	Stufe	Nr.	Erreicht?
Ich ... Gruppenziel: ______________ Ziel für: ______________			

Bereich: ______________________	Stufe	Nr.	Erreicht?
Ich ... Gruppenziel: ______________ Ziel für: ______________			

Formular: Lotusplan

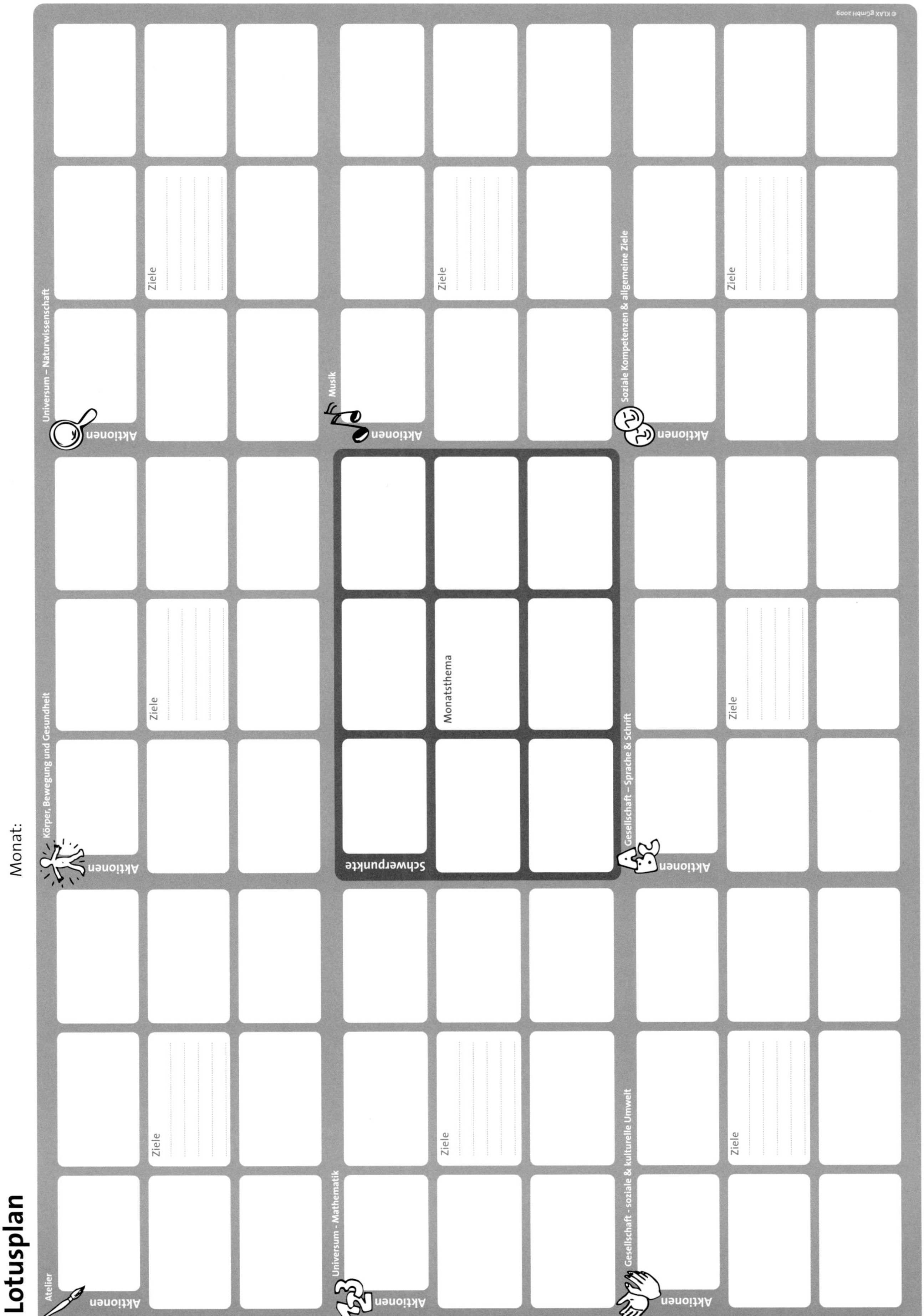

Formular: Ziele dokumentieren

Bildungsbereich:

Unsere Ziele des Monats:

Geplante Angebote:

Dokumentation:

Foto

Foto

Foto

Foto

Formular: Ziele verabreden

Name: Jahr:

Ein gemeinsames Ziel

Unser Ziel:

Erreicht?

Eltern und Erzieher müssen eng zusammenarbeiten,
um das Kind in seiner Entwicklung zu begleiten.
Manchmal ist es gut, gemeinsam Schritte zu verabreden,
wie wir zusammenarbeiten wollen.

Formular: „Geschafft, gelernt“

Name: Jahr:

Foto

Das hast du dazu gelernt:

So hast du es geschafft:

Bestätigung des Erziehers, der Erzieherin und der Eltern

Alleine anziehen, Schuhe zubinden, Fahrrad fahren, pfeifen, oder, oder… Was hast du gerade Tolles gelernt? Und wie hast du es gelernt? Deine Erzieherin oder deine Eltern können hier festhalten, was du Neues kannst. Oder du selbst malst es hier auf!

Formular: „Das gefällt mir gut!“

Name: Jahr:

Das gefällt mir gut an deinem Portfolio:

Das wünsche ich dir:

Unterschriften

Auf diesem Blatt können Eltern und Erzieher beschreiben, welche Seiten ihnen in dieser Mappe besonders gut gefallen. Sie können dem Kind gute Wünsche für sein weiteres Lernen aufschreiben.

Autoren

Antje Bostelmann

Antje Bostelmann ist ausgebildete Erzieherin und bildende Künstlerin. 1990 gründete sie Klax, anfangs als private Malschule und Nachmittagsbetreuung mit künstlerischem Schwerpunkt, heute ein überregionaler Bildungsträger mit Krippen, Kindergärten und Schulen in Deutschland und Schweden. Sie entwickelte die Klax Pädagogik, ein modernes pädagogisches Konzept, welches das Kind in den Mittelpunkt der pädagogischen Arbeit stellt und das allen Einrichtungen von Klax zu Grunde liegt. Sie entwickelt Lern- und Spielmaterialien für die Arbeit in Kindergarten und Krippe und gibt ihr Wissen als Referentin bei internationalen Kongressen, Workshops und Fortbildungen weiter. Seit 1995 hat sie zahlreiche pädagogische Fachbücher veröffentlicht, darunter viele Bestseller. Antje Bostelmann ist Mutter von drei Kindern und lebt in Berlin.

Michael Fink

Michael Fink ist ausgebildeter Kunstpädagoge. Er ist als Autor pädagogischer Fachbücher, Berater und Dozent in der Weiterbildung von ErzieherInnen und LehrerInnen tätig. Besonders interessiert ihn in seiner Arbeit immer wieder der kreativ-künstlerischen Bereich: Es fasziniert ihn, wie intensiv schon ganz kleine Kinder lernen, wenn sie sich mit gestalterischen Aufgaben auseinandersetzen. Fink sucht immer wieder neue Wege, um Pädagogen Anstöße für eine veränderte Arbeitsweise zu geben, indem er ungewöhnliche Aktionsausstellungen zu pädagogischen Themen entwickelt oder die Welt der Pädagogik mit satirischen Texten auf die Schippe nimmt. Michael Fink ist Vater von drei Töchtern und lebt in Berlin.

Tipps zum Weiterlesen

Bostelmann, Antje (Hrsg.):
Das Portfolio-Konzept für
Kita und Kindergarten
Verlag an der Ruhr
Mülheim, 2007

Bundesministerium für Bildung und Forschung (Hrsg.):
Kindliche Kompetenzen im
Elementarbereich:
Förderbarkeit, Bedeutung
und Messung
Berlin, 2008

Bundesministerium für Familie, Senioren, Frauen und Jugend (Hrsg.):
Auf den Anfang kommt es an!
Perspektiven zur Weiterentwicklung des Systems der Tageseinrichtungen in Deutschland
Beltz Verlag
Weinheim, 2003

Elschenbroich, Donata/ Schweitzer, Otto (Hrsg.):
Das Portfolio für den Kindergarten.
Ein Entwicklungstagebuch, geführt vom Kind und seinen Bildungsbegleitern
Verlag das Netz
Weimar, 2008

Fthenakis, Wassilios E./ Oberhuemer, Pamela (Hrsg.):
Frühpädagogik international.
Bildungsqualität im Blickpunkt.
Leske und Budrich
Wiesbaden, 2004

Fthenakis, Wassilios E. u.a.: Das Telekom-Paket:
Portfolios im Elementarbereich:
Natur-Wissen schaffen
Bildungsverlag Eins
Troisdorf, 2008

Grace, Cathy/Shores, Elizabeth:
Das Portfolio-Buch für
Kindergarten und Grundschule
Verlag an der Ruhr
Mülheim, 2005

Groot-Wilken, Bernd:
Portfolioarbeit leicht gemacht:
Leitfaden zur systematischen
Dokumentation von Bildungsverläufen in Tageseinrichtungen
Cornelsen Verlag Scriptor
Mannheim, 2008

Krok, Göran/Lindewald, Maria:
Portfolio im Kindergarten
Das schwedische Modell.
Lernschritte dokumentieren,
reflektieren, präsentieren
Verlag an der Ruhr
Mülheim, 2007

Leu, Hans R.u.a.: Bildungs- und Lerngeschichten:
Bildungsprozesse in früher
Kindheit beobachten, dokumentieren und unterstützen
Verlag das Netz
Weimar, 2007

Tietze, Wolfgang/Viernickel, Susanne u.a. (Hrsg.):
Pädagogische Qualität in
Tageseinrichtungen für Kinder.
Ein nationaler Kriterienkatalog.
Beltz Verlag
Weinheim, 2007

BANANENBLAU
Der Praxisverlag für Pädagogen

Methodenbox für die Krippe

Grundlagen und Arbeitshilfen zur Beobachtung und Dokumentation bei Kindern unter 3

Immer das Kind im Blick: In der Krippe sind Beobachtung und Dokumentation unverzichtbare Schritte bei der Planung. Die „Methodenbox" zeigt an einer Fülle von Beispielen aus der Praxis, wie man beobachten, dokumentieren und planen kann, ohne in Schreibkram und Formularen zu versinken. Das Buch bietet außerdem viele neue und leicht umzusetzende Ideen, um Eltern von der eigenen Arbeit in der Krippe zu überzeugen. Eine Ideen-Box, die Ihre Arbeit bereichern und erleichtern wird!

Antje Bostelmann,
Michael Fink
Bananenblau 2013
116 Seiten, A4 Broschur
ISBN 978-3-942334-25-9

Gute Pädagogik

findet man nicht überall

Inhouse-Seminare für Krippen, Kitas und Schulen

Sie suchen für sich und Ihr Team Fortbildungen zu aktuellen pädagogischen Themen? Wir kommen zu Ihnen in die Einrichtung und richten unsere Seminare ganz nach Ihren Bedürfnissen aus. Dabei setzen wir gezielt an Ihrem individuellen Weiterbildungsbedarf an.

Wir bieten unter anderem Fortbildungen zu folgenden Themen an:

- **Die Portfolio-Methode in Krippe, Kindergarten oder Schule**
- **Spezialisierung im Bereich Krippe – Eingewöhnung, Entwicklungsbegleitung, Raumgestaltung und Materialauswahl**

Des Weiteren bieten wir Führungen, Hospitationen, Fachtage, Vorträge und Workshops an.

Institut für KLAX-Pädagogik
Arkonastr. 45–49 · 13189 Berlin
Tel.: 030-34 74 51 50
institut@klax-online.de
www.klax-institut.de

Eine Pädagogik für die Zukunft
Institut für KLAX Pädagogik